あなたは何問正解？ めざせ、釣り人クイズ王！

釣り人クイズ大百科150

答えて身につく150釣りの知識と常識

つり人社書籍編集部　編

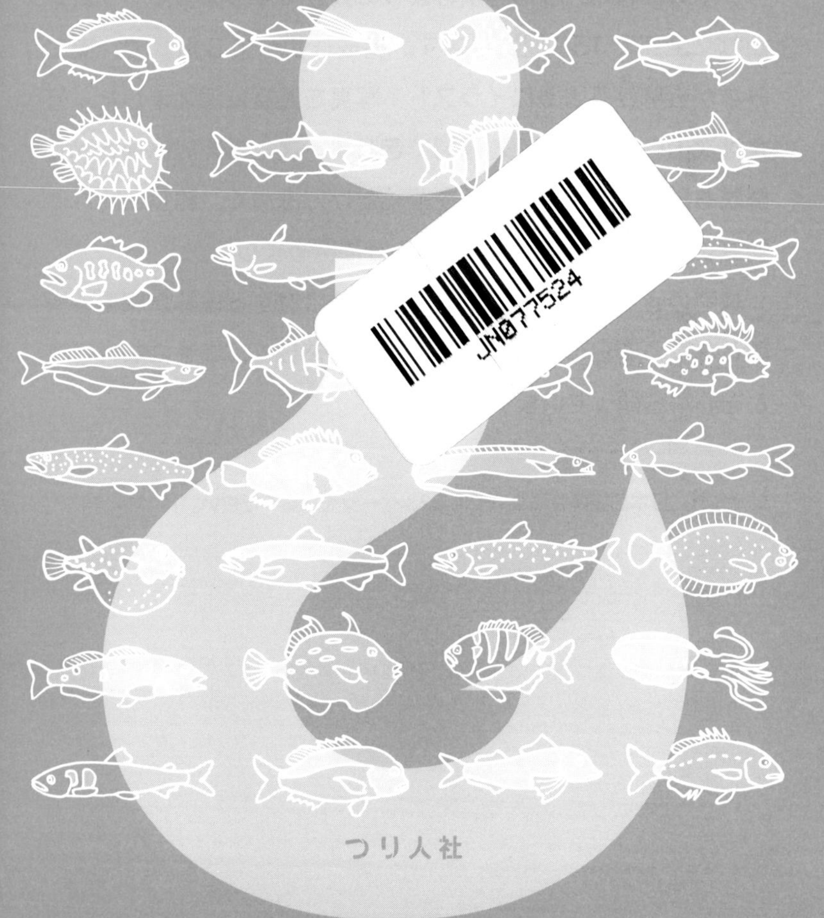

つり人社

はじめに・本書の使い方

本書は、（公財）日本釣振興会・普及振興委員会の各委員が制作しHPで公開中の「釣り人クイズ」をもとに、書籍化したものです。

クイズは右ページの目次のように大きく４つのグループに分かれ、全部で150問あります。構成はすべて３択式で、楽しみながら解けるようにイラスト・写真を豊富に添えました。答えは次のページを開くと確認できます。また答えにはなるべく解説も用意し、単にクイズを解くだけではなく、釣りと釣りに関連する知識や常識を得られるように努めました。

読者の皆さまにとって本書が、釣りに対する理解が深まる一助となり、明日の釣りがより楽しく、そして、幸せになれることを心から願っています。

※（公財）日本釣振興会については223ページをご覧ください。

目次

装丁　神谷利男デザイン株式会社
本文イラスト　廣田雅之
クイズ協力　柏瀬厳・真嶋茂ほか（公財）日本釣振興会・普及振興委員会一同

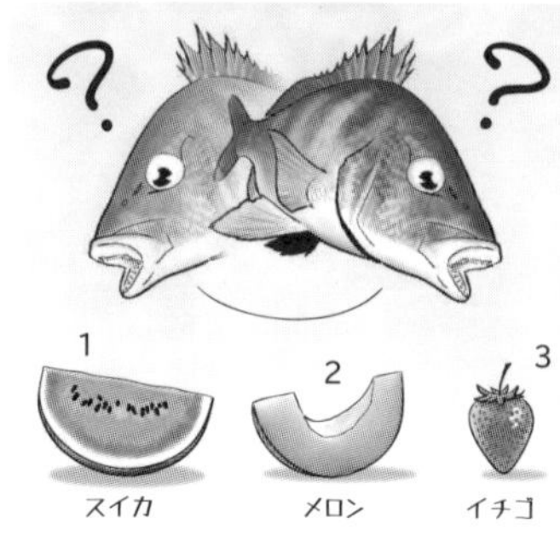

Enjoy quiz,

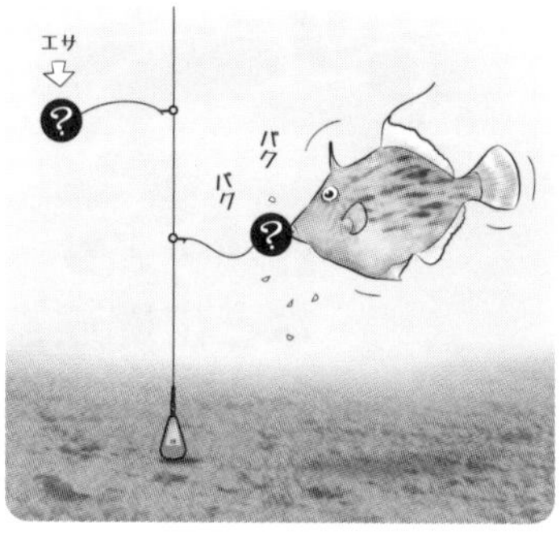

Enjoy fishing.

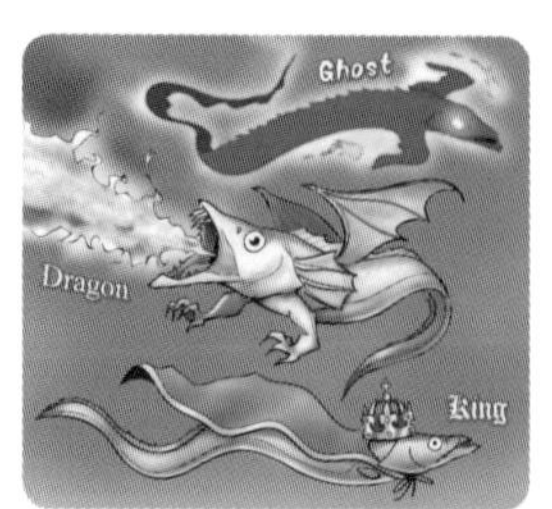

1章

釣りのマナーやルール、安全・危険などに関連する

21問

だれもが楽しく安全に、そして自然がそこなわれることなく、河川や湖沼、海のどこにでも、いつまでも魚たちがいて釣りができるために、守るべきマナーやルール、おぼえておきたいことがあります。ここでは、それらの一部をクイズでご紹介していきます。

※各クイズの答え欄に記した正解率は、弊社調べです。釣りの経験者を中心に統計をまとめたので、ビギナーの方は、各数字から10%ほど差し引いて目安にしてください。

防波堤でアジ釣りをしていたらフグが釣れた。どうする？

❶ フグはエサを取ったりイトを切る迷惑な魚なので防波堤に放置する

❷ 防波堤に放置すると汚いので殺してから海に捨てる

❸ するどい歯に注意してハリを外し、やさしくリリースする

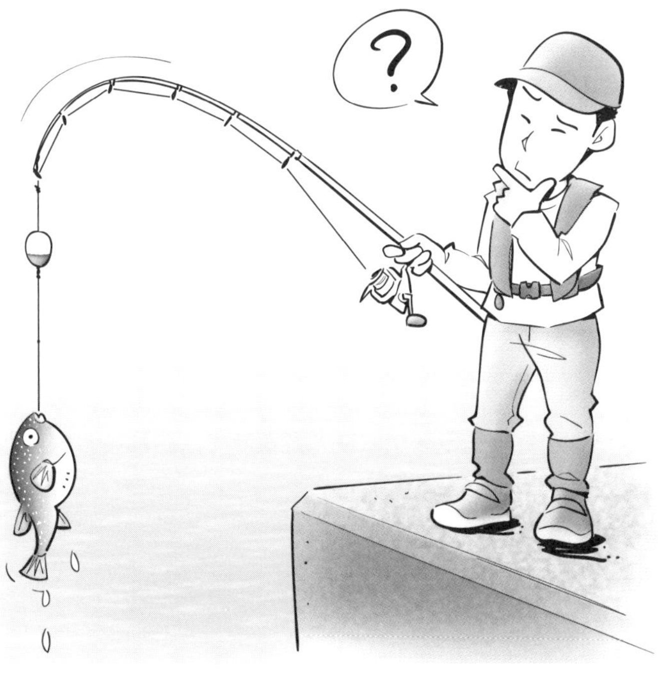

Q1 答え

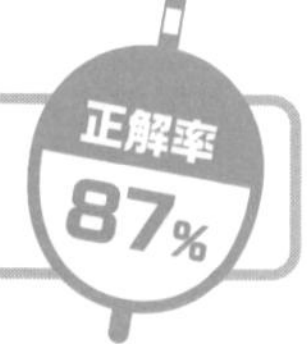

釣りをしていると目的外の魚が釣れることもあり、これらをまとめて外道といったりします（語源は仏教用語からとも）。海釣りではフグはその代表格。ほかにも例をあげると、ヤマメ釣りでハヤ、ブラックバス釣りでナマズ、フナ釣りでコイ、磯釣りでイスズミ、船釣りでサメ、ウツボ、トラギス、エソ、サバ、などなど。外道が掛かると、引きが強いのに本命ではなくてがっかりしたり、仕掛けをダメにされたり、ハリを外すのが大変だったり、食べられなかったりまずかったり、いずれにしても本命の魚よりも格下に見てしまいがちです。

しかし本来、自然のなかで遊ばせてもらっている釣り人が、必死で自然を生き抜いている魚を人の都合で差別したり、乱暴に扱ったり、むだに殺生してよいはずがありません。目的外の魚が釣れ、持ち帰らない場合はていねいに扱いリリースすることです（条例等で特定魚種のリリースが禁じられている場合をのぞく）。近年は外道ではなくゲストフィッシュと呼ぶ釣り人も増えました。それらのなかには大変美味で、釣れると歓迎される魚もいます。

2せきの船が互いに進路を横切り、衝突のおそれがあるときの正しい航法（よける方法）は？

❶ 相手船を右げん側に見るほうの船が、よける

❷ 相手船を左げん側に見るほうの船が、よける

❸ 相手がよけるまで、航路をゆずらない

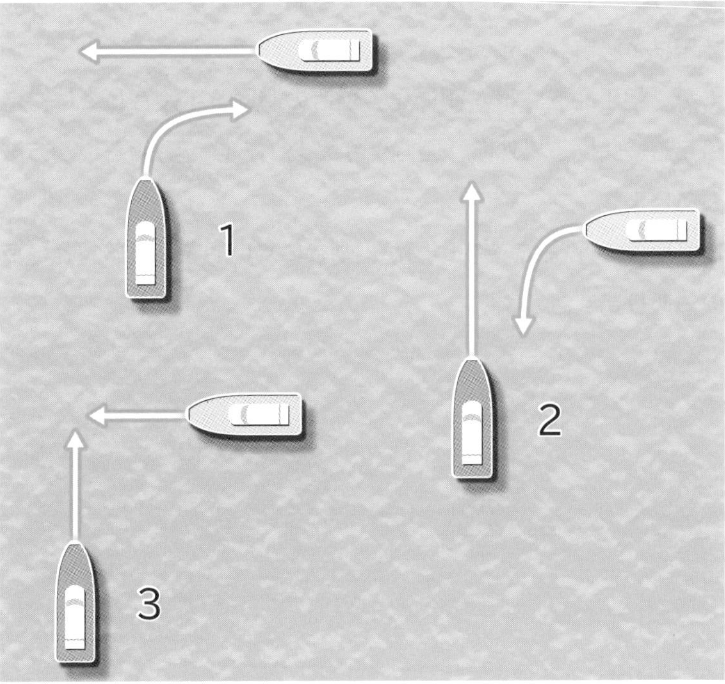

1

2

3

Q2 答え 

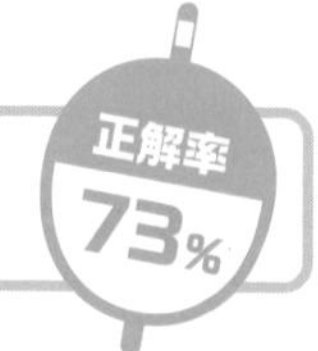

陸上の道路のように、目に見える線などが引かれていない広い海の上では、船の衝突事故等を防ぐために、さまざまな海の交通法規が「海上衝突予防法」によって定められています。そして、海上法規では「海の上では、右側通行。」となっています。

それにしたがい、横切船の航法では、２せきが互いに進路を横切り、衝突のおそれがあるときは、前ページのクイズ絵「１」のように、相手船を右げん＝船の右側に見るほうの船が相手船を避ける決まりになっています。

また、相手船を右げん側に見る場合の避ける手段としては、進路を右に曲げる以外に「速力を落とす（停止する）」という方法もあります。

このほかに、「動きやすい船が、動きにくい船を避ける」というのもあります。

Q3

川や湖沼などの内水面で釣りをするさいに必要な遊漁料について、正しいのはどれ？

❶ 魚の増殖等費用の負担料

❷ 釣った魚の対価

❸ 税金

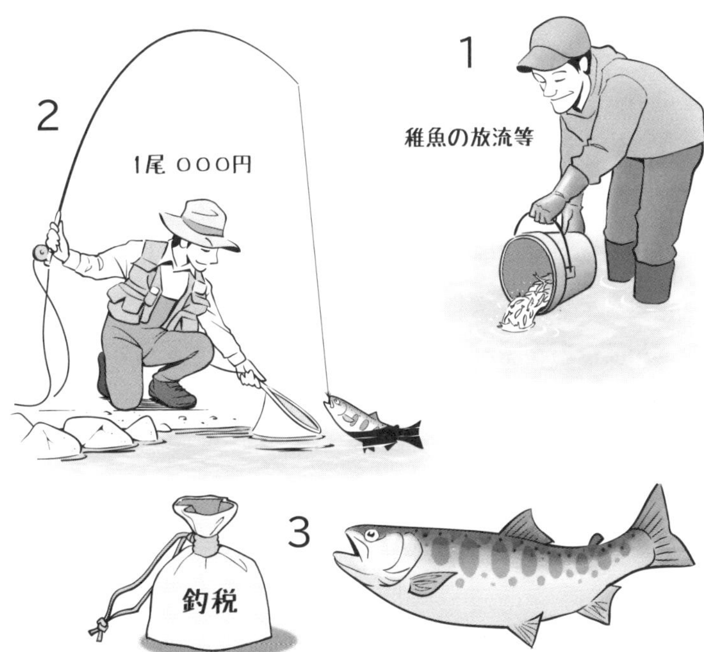

Q3 答え 

第５種共同漁業権の免許を受けた漁業協同組合（漁協）は、増殖の義務が課せられています。そのため、管理する漁場内で釣り（遊漁）をする釣り人にも、増殖の負担を遊漁料というかたちで求めています。また個々の釣果（どれだけ釣れたか）は関係なく、「釣れなかったから遊漁料は払わない」という理屈は通りません。

内水面のほとんどの水域（河川湖沼）は漁業協同組合が管理しており、その水域で、遊漁券なしで釣りをすると密漁行為と見なされます。釣りをするさいには、必ず事前に遊漁券を購入しましょう。最近はオンラインで 24 時間好きなときに遊漁券を購入できるサービスもあります。

ちなみに、北海道はほとんどの内水面に漁協が存在せず、その場合、特別な例をのぞき遊漁券を購入する必要はありません。また本州では霞ヶ浦と北浦、琵琶湖は内水面ですが海区扱いとなっており、こちらも遊漁券を購入する必要はありません。

Q4

ヤマメやイワナに禁漁期間（釣りをしてはいけない時期）があるのはなぜ？

❶ 雪が多くなって危ないから

❷ 繁殖期にあたるから

❸ 食べてもおいしくないから

1

2

3

Q4 答え 

全国のほとんどの河川では、秋から翌年春にかけて渓流魚の禁漁期間が設定されています（月日は自治体や河川で異なるが、10月～翌年2月の例が多い）。渓流魚は秋に生涯（しょうがい）最大のイベントである産卵を行ないます。この繁殖行動をさまたげないように、また生まれて間もない稚魚を一定期間見守ることで魚類資源（ぎょるいしげん）の増殖につなげるべく、禁漁期間がもうけられているのです。このほか同じく魚類資源を増やすという観点から、特定の支流や区間を年単位で禁漁としたり、永年禁漁としていることもあります。

Q5

外来生物法で、特定外来生物について禁止しているのは？

❶ 釣りをすること

❷ 釣った魚を生きたまま湖沼や河川の外に持ち出すこと

❸ 釣った魚をその場に放すこと（キャッチ&リリース）

1

ブラックバス

alive

お引越し

2

Still alive

3

See ya !

Q5 答え 

外来生物法は、釣りをすること自体を規制（きせい）するものではありません。また、キャッチ＆リリース（釣った魚をその場で放すことに）ついても同様です。ただし、外来生物法とは別に、多くの自治体では、条例などで特定外来生物のキャッチ＆リリースを禁止しています。したがって、初めておとずれる都道府県の釣り場で釣りをするさいには、事前に確認をしておきましょう。

釣りの対象魚で特定外来生物に指定されているおもな魚類については、下記のホームページをご参照ください。

※環境省 HP「日本の外来種対策 外来生物法に関する Q&A」
https://www.env.go.jp/nature/intro/1law/qa.html

※環境省 HP「日本の外来種対策　特定外来生物一覧」
https://www.env.go.jp/nature/intro/2outline/list.html

Q6

写真のなかで特定外来生物に指定されている魚は？

❶ アオウオ

❷ タイリクバラタナゴ

❸ ブルーギル

Q6 答え 

アオウオ＝コイ目コイ科。アジア大陸東部原産。大河川下流部の緩流域や平野部の浅い湖沼にすむ。日本ではソウギョなどの種苗にまじって移殖され、利根川・江戸川水系で繁殖。大きさは最大で 1.6 mを超えます。

タイリクバラタナゴ＝コイ目コイ科。名前のとおり中国大陸原産。外来種だが、現在はタナゴというとこの種を差すことが多い。釣り人には「オカメ」の愛称で親しまれています。

ブルーギル（正解）＝スズキ目サンフィッシュ科。北アメリカ中東部原産。現在は日本各地の河川や湖沼に分布。通常 10 ～ 20cm、最大で 25cm を超える。体高は高く側扁し、丸みを帯びた体型。ルアーフィッシングで人気の高いブラックバス（オオクチバス、コクチバス）と同じく、特定外来生物に指定されています。

Q7

釣りの対象魚（たいしょうぎょ）の野生の魚は法律上、だれのもの？

❶ 国民みんなのもの

❷ だれのものでもない

❸ 漁業協同組合（ぎょぎょうきょうどうくみあい）のもの

Q7 答え 

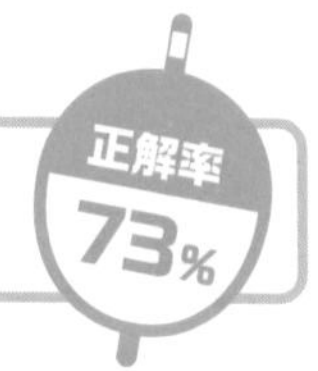

野生動植物は法律上では「無主物」といい、だれのものでもないとされています。また、無主物は原則自由採捕で、採った人の所有物になる（無主物先占）とされています。
しかし、だからといって、魚類は自由勝手に釣り放題というわけではありません。内水面（淡水）のほとんどの河川湖沼には第５種共同漁業権が設定されており、その水域で釣りをするさいには遊漁券を購入し、漁協の遊漁規則や自治体の漁業調整規則を遵守しなければなりません。また海産物についても共同漁業権が設定されていたり、漁業法によって一般の人がアワビやナマコ、ウニ、イセエビ、サザエ、タコなどを採捕することが禁じられている場合があります。

Q8

水産庁にある遊漁（一般人が楽しむ釣り）の担当職名は？

❶ 釣人専門官

❷ 釣り専門官

❸ 遊漁専門官

Q8 答え

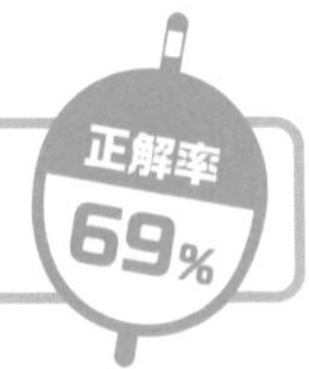

釣人専門官は、平成16年10月1日付で、水産庁の沖合沿岸課に新設されました。

それ以前の歴史をたどると、昭和46年に「遊漁指導係」が水産庁漁業指導課に設けられ、以後、「遊漁調整指導室」、「遊漁・海面利用室」と名称を変更しながら、釣り人の公の窓口としての役割を果たしてきました。しかしそれらの時代の遊漁は、水産庁内では漁業の一部という位置づけだったといいます。

この「釣人専門官」が新設されたことで、沿岸沖合課に「遊漁・海面利用室」「漁業調整官」「釣人専門官」が併設され、「釣人専門官は、釣りその他の方法により遊漁をする者に関する専門の事項についての企画及び連絡調整に関する事務を行う。」こととなったのです。

初代釣人専門官には桜井政和氏が就任し、2023年現在は、尾坂利汐人氏が第11代釣人専門官を務めています。そして現在の水産庁内では、資源管理部管理調整課（沿岸・遊漁室）内に属しています。

Q9

海中転落(てんらく)事故で、ライフジャケット（救命胴衣(きゅうめいどうい)）着用者の生存率は未着用者の何倍？

❶ 変わらない

❷ 約 1.5 倍

❸ 2 倍以上

Q9 答え 

釣りに限らず、水辺や水上のレジャーは楽しいものばかり。でも一歩間違えると、取り返しのつかない事態になりかねません。そんな危険な目にあわないためにも安全対策はいつも万全を心がけましょう。とくに、落水や流される可能性がある場所では、万が一のときにクイズの答えのとおり、ライフジャケットの着用が生死を分ける可能性が大きいです。

国土交通省の関係法令改正により、現在ではすべての小型船舶の乗船者にライフジャケットの装着が義務付けられています。小型船舶操縦士の免許が不要なミニボートなどの船舶乗船時には着用義務は課されませんが、環境的には同じ水上であり、ライフジャケットの着用は必須といえます。なおライフジャケットは、国が安全性を確認した証の桜マークとともに「タイプA」と表示されている製品は、すべての小型船舶で使用が可能です。

Q10

船に乗ったとき、ライフジャケット(救命胴衣)はどうする？

❶ 安全のために必ず着用する

❷ 泳げる人は着用しなくても大丈夫

❸ 暑いとき、じゃまなときは着用しない

Q10 答え 

24ページのクイズ答え解説にも記したとおり、小型船舶の船室外、甲板(かんぱん)上では原則すべての乗船者にライフジャケットの着用が義務(ぎむ)付けられています。自分の命を守るためにライフジャケットは必ず着用しましょう。

乗合船にはライフジャケットの貸し出しがありますが、海難訓練(かいなんくんれん)等のニュースでよく見かけるオレンジ色の厚手のベストタイプが多く、夏場は暑かったり、また厚着になりがちな冬は少し動きにくいなどの面があります。そのため船釣りをたくさん楽しみたい方にはマイ・ライフジャケットを購入(こうにゅう)されることをおすすめします。ベストタイプのほかにも首掛(か)けタイプ、腰巻きタイプなどがあり、自分に合ったものを選ぶようにしましょう。

国土交通省の安全基準に適合(てきごう)した製品には桜マークついてあり、そのなかで「タイプA」のものは、すべての小型船舶で使用可能です。

また船釣り以外でも、落水の危険がある磯(いそ)釣りや水に立ち込むシーバス釣りなどでは、仕掛け等を収納する機能(きのう)を備えたフローティングベストが市販されています。

※参考　国土交通省HP「海事：ライフジャケットの着用義務拡大」
https://www.mlit.go.jp/maritime/maritime_fr6_000018.html

Q11

釣りをしていたらカミナリが鳴った。どうする？

❶ 根性でがんばって釣りを続ける

❷ すぐに釣りをやめて安全な場所に避難する

❸ 木の下で雨宿りをする

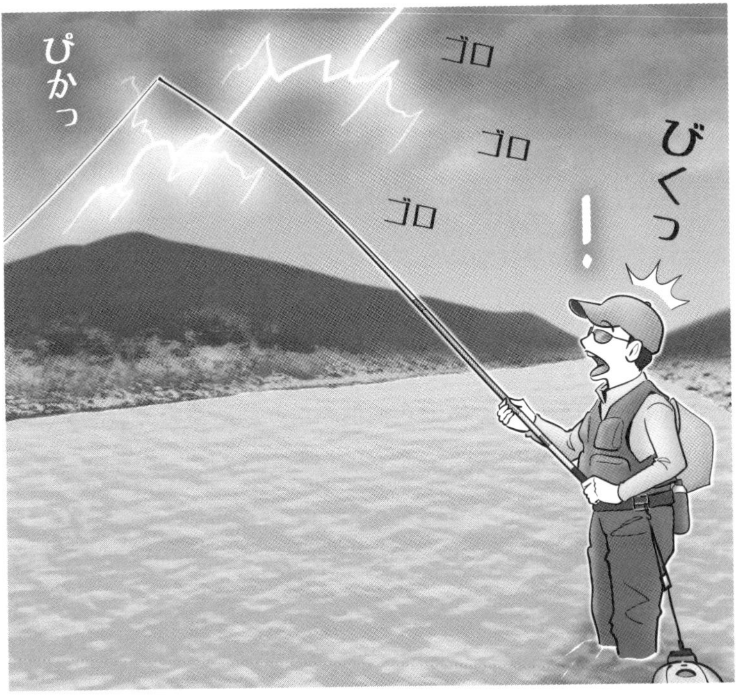

Q11 答え 

登山などのアウトドアレジャーと同じく、野外で楽しむ釣りは、いつも好天日とは限りません。また魚を相手にする性質上、晴れの日よりも曇天や、場合によっては小雨混じりの天候のほうが釣り人には歓迎されることもあります。
とはいえ、台風や雷となると話は別。天気予報で台風が接近中だったり、雷が発生しやすい地域の釣り場には出かけないことです。近年はインターネットで雷にかんする情報がすぐに得られるので、積極的に利用しましょう。
ただし、それでも、不測の事態として釣りをしているときに雷が鳴り出したら、それが遠くであってもすぐに釣りをやめてその場から離れ、安全な場所に逃げること。とくにまわりが開けた場所で、釣りザオを持っているとたいへん危険です。実際に落雷による死亡例や、ひん死の重傷をおった方もいます。そして、退避のさいには雷は高いものに落ちやすい性質があることと、木に落ちた雷がそばの人に飛ぶことがあるので（側撃、といいます）、木の下へ逃げ込むことはたいへん危険です。

Q12

写真のなかで産業管理外来種（さんぎょうかんりがいらいしゅ）の魚はどれ？

❶ ビワマス

❷ カワマス

❸ ニジマス

Q12 答え 

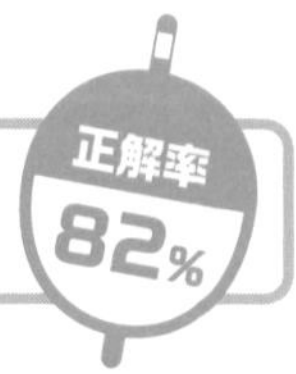

産業のうえでは重要だが、適切な管理が必要な外来種として、水産分野ではニジマス、ブラウントラウト、レイクトラウトの３魚種が産業管理外来種に指定されています。

ビワマスは、琵琶湖（びわこ）とその流入河川にのみ分布するサケ科の固有亜種（あしゅ）です。

カワマスは、以前は要注意外来生物でしたが、2023 年現在、「生態系被害防止外来種リスト」の「その他の総合対策外来種」にリストアップされています。

参考 環境省 HP「日本の外来種対策」https://www.env.go.jp/nature/intro/2outline/iaslist.html

産業管理外来種に指定された生き物は、外来生物法の規制はありませんが、生態系や農林水産業に被害をおよぼすおそれがあるため、外来種被害予防三原則「入れない・捨てない・拡げない」を守る必要があります。

参考 水産庁 HP「水産分野における産業管理外来種の管理について」

https://www.jfa.maff.go.jp/j/enoki/attach/pdf/naisuimeninfo-7.pdf

Q13

海での事件・事故の通報は何番？

❶ 119番
❷ 118番
❸ 110番

Q14

都道府県によって違いはあるが一般的に全長15cm以下の渓流魚を持ち帰るのはどの規則で禁止されている？

❶ 各都道府県の漁業調整規則
❷ 水産資源保護法
❸ 遊漁規則

Q15

地域を定めず天然記念物に指定されている魚は？

❶ ミヤコタナゴ
❷ アカヒレタビラ
❸ ゼニタナゴ

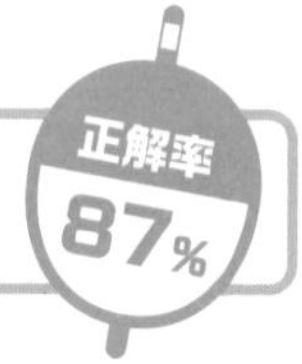

海の「もしも」は118番、と覚えてください。海上保安庁につながります。

Q14 答え

漁業調整規則違反となり、「6ヵ月以下の懲役もしくは10万円以下の罰金またはこれの併科」となります。

Q15 答え

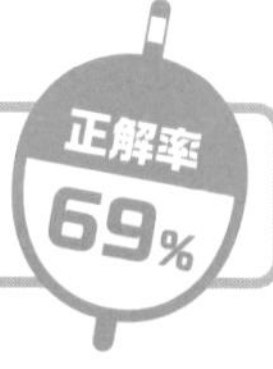

ミヤコタナゴは、昭和49年に、魚類でははじめて国の天然記念物に指定されました。かつては関東地方に広く生息していたそうですが、現在は絶滅が心配されています。また、ミヤコタナゴに限らずタナゴ類は全般的に生息数の減少や絶滅が懸念されています。

Q16

外来生物法に違反すると個人の場合「○年以下の懲役、もしくは○円以下の罰金」、法人の場合「○円以下の罰金」という刑罰が科される。それぞれの○に入るのは？

❶ 個人「1年以下の懲役、もしくは50万円以下の罰金」、
法人の場合「100万円以下の罰金」
❷ 個人「2年以下の懲役、もしくは150万円以下の罰金」、
「法人の場合「1000万円以下の罰金」
❸ 個人「3年以下の懲役、もしくは300万円以下の罰金」、
法人の場合「1億円以下の罰金」

Q17

ヘラブナ管理釣り場、浮き桟橋での正しいマナーは？

❶ 後続のじゃまにならないようにダッシュする
❷ 浮き桟橋を揺らさないように静かに歩く
❸ ウォームアップの体操をしながら歩く

Q18

乗合船などで複数の人と同船してシーバス釣りを楽しむさい、フック（釣りバリ）はどれがベスト？

❶ 目立つように色を塗る
❷ バーブ（魚が外れないようにハリ先部分につけたカエシと呼ばれる突起）をつぶすかバーブのないバーブレスフックを使う
❸ バーブはそのままでいい

Q16 答え

バス釣りの対象となるオオクチバスとコクチバスは、いずれも外来生物法で「特定外来生物」に指定されています。外来生物法では、特定外来生物に指定された生き物を生きたまま運搬したり、別の場所に放ったり、飼育や保管することを禁止しています。

Q17 答え

桟橋が揺れると釣りをしている人に迷惑なので揺らしてはいけません。

Q18 答え

ボートシーバスのルアーゲームではキャッチ＆リリースが一般的で、そのためにバーブのないフック使用が推奨されています。

Q19

エサ釣りの人の潮（風）下で、ルアーを投げていいのはどこ？

❶ どんな状況でも自分の正面
❷ 仕掛けが流れてこないところ
❸ どこへ向かって投げてもいい

Q20

渓流釣りで先行者（先に釣りをしている人）がいたとき、すべきでないことは？

❶先行者を驚かさないように静かにすぐ上流へ入る
❷下流側から入って先行者を追い越さない
❸あいさつをして相手の迷惑にならない入り方を相談する

Q21

エリア＝マスの管理釣り場で間違っているのは？

❶自然の釣り場ではなくても帽子や偏光グラスを着用する
❷規則はどこも同じなので施設ごとに確認する必要はない
❸リリースはラバーネットを使うなどして魚へのダメージを最小に

お互いに迷惑がかからないように釣りを楽しみましょう。

Q20 答え  

渓流釣りでは先行者がいた場合、すぐ上流に入るのはマナー違反です。

Q21 答え  

それぞれ施設の特徴やルールがあるので釣りの前に確認しましょう。

2章

釣具・エサ・技術・釣り場のことなどに関連する

47問

ここでは、おもに釣りに直結することがらを取り上げていきます。魚の種類やその釣り方、また釣り場環境などにおうじて、釣りに求められること、必要なことは違ってきます。好きな釣りにはくわしくても、同じ水域の違う魚の釣りのことは案外知らなかったりするもの。クイズで未知の世界をちょっとのぞいてみませんか。

Q22

釣りバリで「フトコロ」と呼ばれる部分は①～③のどれ？

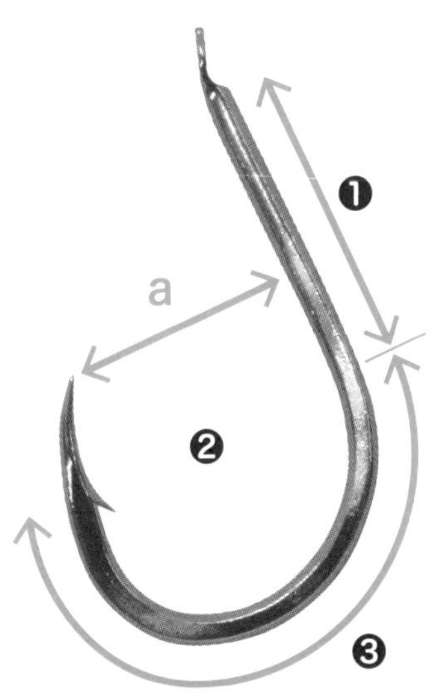

Q22 答え 

前ページの写真は、ハリの根元にハリス（イト）を結んだときに抜けを防止する平らな部分（耳、タタキ）をもつタタキバリです。ハリスを結ぶ部分が小さな輪になっている場合は環(かん)付きバリといいます。

耳のすぐ下（ハリスを巻く部分はチモトといいます）からハリがカーブするまでの直線部分①は「軸(じく)」といいます。ハリの曲がり全体③は「曲げ」といいます（そのうち、軸が最初にカーブを描く部分を「腰曲がり」、その先のカエシの下までを「先(さき)曲がり」といいます）。

そして、ハリ先から軸を結んだ線「a」がフトコロ幅、その内側全体が答えの「フトコロ」になります。

釣りバリのさまざまなことがらについては、世界的な釣りバリメーカー「株式会社がまかつ」に全面ご協力いただき１冊にまとめた『釣りバリ（歴史・種類・素材・技術）のひみつ』（つり人社書籍編集部　編）にくわしく書かれているので、ぜひご一読ください。

Q23

図はイトとイトの結びです。もっとも基本中の結びの１つであるクリンチノットはどれ？

❶ 図の１の結び

❷ 図の２の結び

❸ 図の３の結び

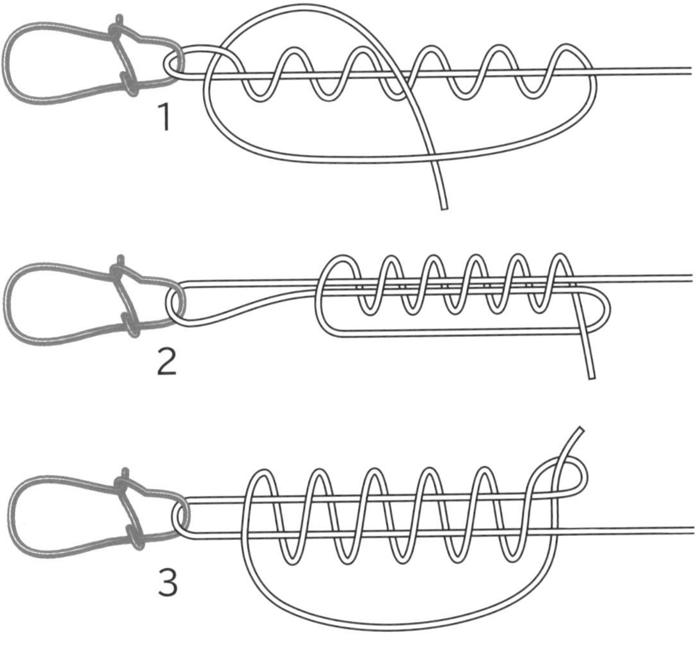

1

2

3

Q23 答え 

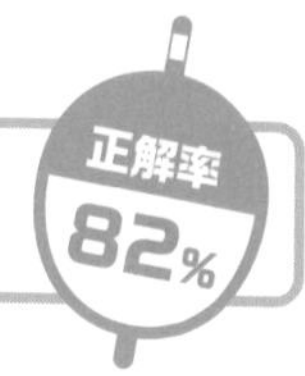

①クリンチノット（正解）。

②ユニノット（ダンカンループ）。

③ハングマンズノット。

①〜③のいずれも、ヨリモドシやスナップなどの接続具、ルアーやフライのアイなどにイトを結ぶときによく使われるノットです。クリンチノットは、そのなかでも多くの人が愛用しています。さらに、最初に結ぶ対象物に２回イトを通してからイトを巻きつけて結ぶダブルクリンチノットにすると、クリンチノットに比べて２倍近い強度を得られる実験結果も出ていることから、ダブルクリンチノットで結ぶ釣り人も多くいます。

ユニノット（ダンカンループ）は、特にバスフィッシング（ルアー）ではもっとも多用される結びの１つで、簡単かつ安定した強度が得られます。

ハングマンズノットは、ハングマン（hangman ＝絞首刑執行人）というコワイ名前の結びだけあって、こちらも安定した強度を得られます。

接続具とイトの結びはこのほかにもさまざまな方法があります。興味のある方は、『海も川もまずこれで OK! 釣り糸の結び「完全」トリセツ』（つり人社書籍編集部　編）をぜひご一読ください。

Q24

写真のルアーのうち、クランクベイトと呼ばれるものは？

Q24 答え 

①シャッドプラグ。

②スイムベイト。

③クランクベイト（正解）。

シャッドプラグのシャッド（shad）は、和名ではニシンダマシといいますが、日本の淡水には生息しない魚です。そして、じつはバスフィッシングの本場であるアメリカには、シャッドプラグというカテゴリーも存在しません。シャッドプラグとは、日本で独自に進化・多様化したルアーといわれています。

スイムベイトは、引くとテールを左右に振りながらまるで小魚のように泳ぎます。水の透明度が高い釣り場で、魚を捕食しているブラックバスにはとくに効果的とされているソフトベイト（軟質プラスチック製ルアー）です。

クランクベイトは、バスフィッシングを代表するルアージャンルの１つで、キャストしてリーリングする（リールを巻く）と、ボディーをふるわせながら潜っていきます。アクションの質や潜行深度の違いなどから、非常に多くの種類が存在します。

Q25

写真のフライ（毛バリ）のうち、ドライフライと呼ばれるものは？

❶

❷

❸

Q25 答え 

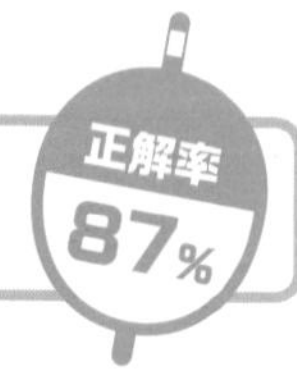

①ドライフライ（正解）。

②ウエットフライ。

③ニンフフライ。

ドライフライ（dry fly）は、文字どおり水面に浮くフライ（化学製品または自然由来のフロータントを併用します）で、おもに水生昆虫や陸生昆虫の成虫をイメージしたものです。写真はエルクヘア・カディスというドライフライで、落差の大きく流速のある日本の渓流ではとても使いやすいフライです。

ウエットフライ（wet fly）は、水中を流して使い、沈みやすいスリムなシルエットが特徴です。羽化に向かう水生昆虫の動きなどをイメージしたもののほか、特定の生き物を模してはいないが魚を引き付ける要素をもつフライ群です。写真はコーチマンというウエットフライですが、同じ名前のドライフライもあります。

ニンフフライ（nymph fly）もウエットフライと同じく沈めて使うフライで、おもに水生昆虫の幼虫をイメージしています。

Q26

フナ釣りなどでよく使われる写真の赤虫（あかむし）は、なんの幼虫？

❶ ユスリカ

❷ アカイエカ

❸ ハエ

Q27

ワカサギ釣りなどの定番エサである写真のサシは、なんの幼虫？

❶ ハチ

❷ ハエ

❸ ガ

Q26 答え 

アカムシユスリカやオオユスリカなどの幼虫です。フナ釣りでは、赤虫とミミズは代表的なエサ。とくに赤虫は冬から春にかけての季節によく用いられます。ハリに刺すさいは、房(ふさ)がけといって赤虫を数匹刺してフナの食い気をさそいます。

Q27 答え 

ギンバエの幼虫です。赤く染めたものは紅(べに)サシといいます。また、近年はラビットというよく似た小型のエサもあり、こちらはチャバネトゲハネバエという虫の幼虫になります。

Q28

岸からカサゴやアイナメなどの障害物(しょうがいぶつ)の多い海底付近にいる根魚(ねざかな)を釣る、オモリとハリがほぼ一体化した仕掛(しか)けは？

❶ シンカー仕掛け

❷ ブラクリ仕掛け

❸ ロック仕掛け

Q28 答え 

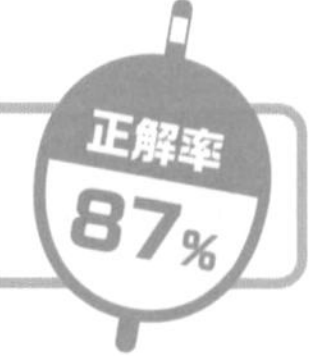

磯の岩や消波ブロックなどのすき間の奥に潜む根魚をねらうさいに多用されるブラクリ仕掛けは、根掛かりを防ぐためハリス（ハリに結ぶイト）がほとんどないのが特徴。赤いソロバン型オモリの直下に蛍光ビーズなどを挟み、同じく赤いハリをセットしたタイプがよく知られています。これにエサを付けて上から落とし込み、根魚がくわえたら、すき間の奥に逃げ込まれてしまわないように間髪を入れずに抜き上げます。また、近年は扁平な長方形状でひらひら揺れながら落下する「ブラー」も人気です。

Q29

渓流（けいりゅう）釣りのエサで使われる写真のキンパクは、なんの幼虫？

❶ カゲロウ
❷ トビケラ
❸ カワゲラ

Q30

写真のようなカエシのないハリを欧米ではバーブレスフック、日本ではなんという？

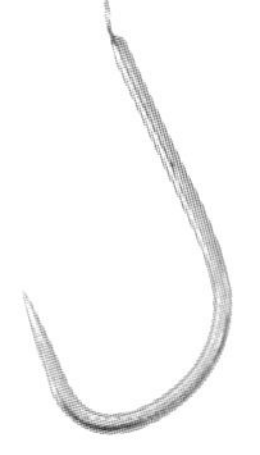

❶ スレバリ
❷ 地獄（じごく）バリ
❸ シュモクバリ

Q29 答え

写真①はカゲロウの幼虫（ヒラタカゲロウ）、②はトビケラの幼虫（ヒゲナガカワトビケラ=クロカワ虫）です。

写真①

写真②

Q30 答え

スレバリは、刺さりやすい、外しやすい、魚を傷めないなどの利点があり、キャッチ&リリースが前提の釣りではバーブレスフック・スレバリの使用が一般的です。バレやすい（外れやすい）のが欠点とされますが、スレバリ使用が前提のヘラブナ釣りをみればわかるように、イトが張っていればそうそうバレるものではありません。

Q31

クロダイ釣りで、実際に使われるエサは？

❶ スイカ
❷ メロン
❸ イチゴ

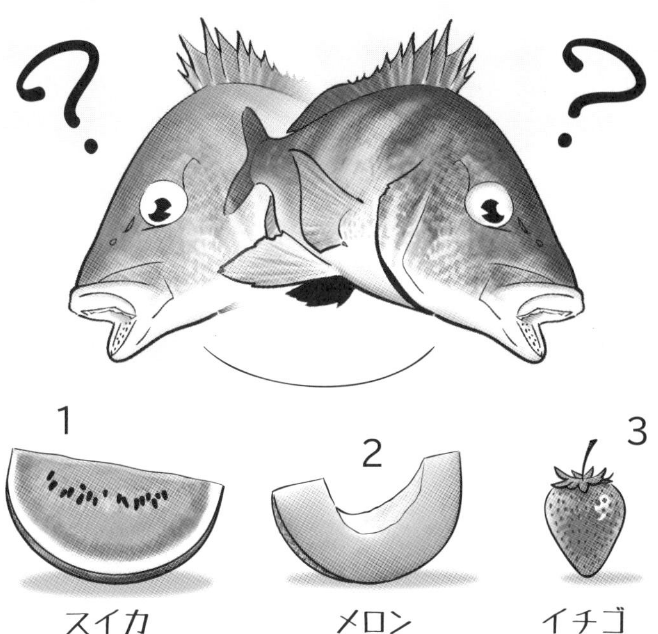

Q31 答え 

磯(いそ)や防波堤で人気のターゲット、クロダイ。防波堤での落とし込み釣りや前打(まえう)ち、磯からのフカセ釣りといった各エサ釣りのほかに、近年は「チニング」(チヌ＝クロダイの別称)といってルアーフィッシングでねらう人も増えました。クロダイはふだんは二枚貝類、甲殻(こうかく)類、多毛(たもう)類などを食べていることから、エサ釣りではイガイ、ボサガニなど小型のカニ、オキアミなどで釣ります。一方で「悪食(あくじき)」といわれるほど雑食(ざっしょく)な一面もあり、サナギやコーン、練(ね)りエサ(団子の寄せエサ)、さらには今回のクイズの正解のスイカなど、じつにさまざまなエサが用いられてきました。地域によってはミカンを使うところもあるそうです。スイカの場合は、寄せエサ・付けエサともにスイカを使い、フカセ釣り(ウキ釣り)でねらいます。

Q32

実際にあるウキの名前は？

❶ ニンジン（人参）ウキ

❷ トウガラシ（唐辛子）ウキ

❸ オクラ（秋葵）ウキ

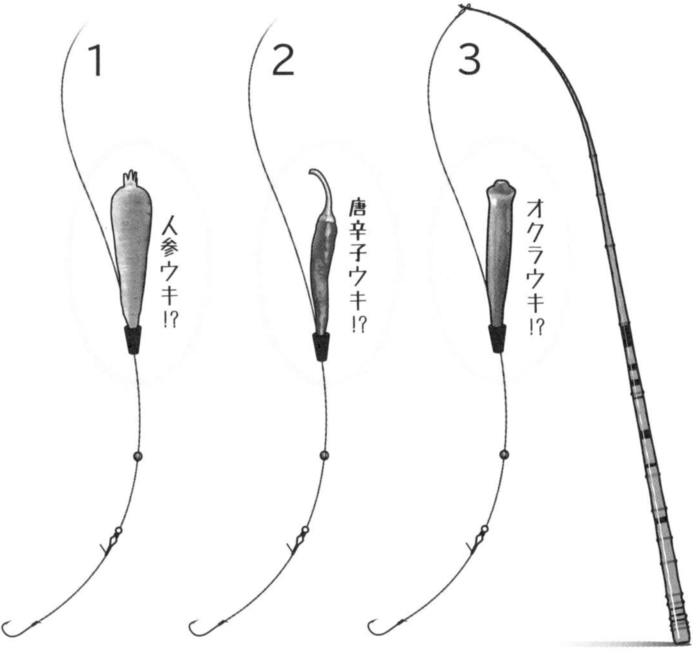

Q32 答え

トウガラシウキは、その名のとおり唐辛子のように菱形を上下に伸ばしたような形状の小型のウキです。オモリの負荷を受けると立ち上がり、見やすく、淡水の小もの釣りでは玉ウキや小型の棒ウキとともにとてもポピュラーなウキです。軽いオモリの仕掛けや釣りに向き、海でも波の静かな堤防の内側などで小もの釣りをするときに使われます。

トウガラシウキのなかには、漆を塗って研ぎだした馬井助ウキと呼ばれる工芸品の趣をそなえた高級品もあり、コレクターズアイテムとなっています。

このほか、淡水小もの釣りでビギナーにもよく知られたものといえば玉ウキです。ピンポン玉を小さくして足をつけたようなかたちで、マス釣り場の貸しザオの仕掛けなどではおなじみです。ちょっとマニアックなものでは、真ん中にイトを通す穴があいている小さな球状のシモリウキがあり、これはサイズ違いの数個を組み合わせたシモリ仕掛けとして使用します。

Q33

餌木（エギ）という和製（わせい）ルアーを用いるエギングでおもにねらうのは？

❶ アジ

❷ カジキ

❸ アオリイカ

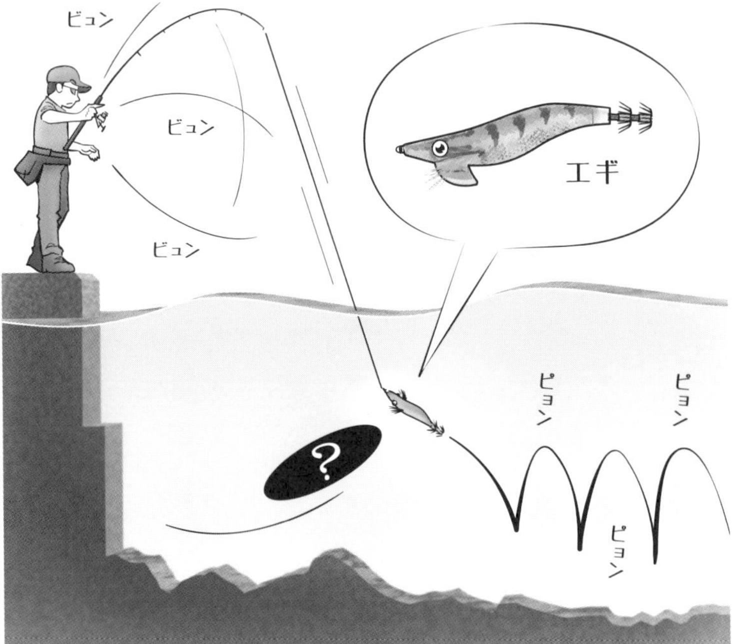

Q33 答え 

エギングとは、餌木という和製ルアー（疑似餌）を投げて沈め、サオをあおって餌木を浮き上がらせまた沈下する動作を繰り返してアオリイカをねらう釣りです。餌木は江戸時代から九州・薩摩に伝わるエビのような形をした和製ルアーで、後端にはカンナと呼ばれる放射状のカエシのない短いハリが付いています。餌木をエサだと思いアオリイカが抱きついたのを釣り人が感じて合わせると、カンナがアオリイカに掛かる仕組みです。
現在はさまざまなカラーのプラスチック製餌木が発売されているほか、一部には江戸時代のように木製の製品もあります。また、近年はタコねらいのタコエギも人気です。

Q34

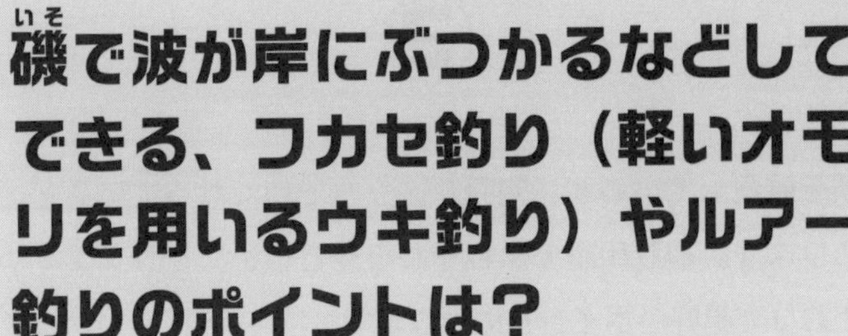

磯で波が岸にぶつかるなどしてできる、フカセ釣り（軽いオモリを用いるウキ釣り）やルアー釣りのポイントは？

❶ フカシ

❷ サラシ

❸ ドン深

Q34 答え

磯際を観察していると、海面が波立ちで白くなっているところがあります。釣り用語でこれをサラシといい、ヒラスズキやメジナ釣りで絶好のポイントになります。

波が岸にぶつかり沖へと払い出していくとき、あたりが真っ白く泡立つ＝サラシが発生します。とくに防波堤や砂浜と違って陸のかたちが複雑な磯ではサラシができやすく、そのときに波がくだけて空気とまじることで酸素が多くふくまれ、魚が活性化しやすい状況が生まれます。また、豊富な酸素によってプランクトンが集まりやすくなり、それを食べる小魚も寄ってくるという食物連鎖も引き起こします。さらに、白い泡の濁りは太陽光をさえぎり、魚の警戒心を解く効果もあります。

Q35

堤防や岸壁（がんぺき）でおもにクロダイをねらう落とし込みの各釣法（ちょうほう）（釣り方）のうち、一番手前を釣るのは？

❶ ヘチ釣り
❷ 前打（まえう）ち
❸ 超前打（ちょうまえう）ち

Q35 答え 

堤防の際をねらうのがヘチ釣り、堤防の基礎や消波ブロックの沖までをねらうのが前打ちです。超前打ち（ハイパー前打ちとも）は、さらに沖をねらう釣り方で、タイコ型リールではなくスピニングタックルを使用します。いずれもクロダイをねらう釣り方です。

このほかクロダイには、メジナと同じく円錐ウキを使うウキフカセ釣りや、係留したイカダから短いサオと団子の練りエサ（寄せエサ）でねらうカカリ釣り、さらには投げ釣りやルアー（チニング）など、さまざまなスタイルの釣り方が存在します。

Q36

磯(いそ)釣りで寄せエサをまくための道具は？

❶ シャモジ

❷ オタマ

❸ ヒシャク

Q36 答え 

磯(いそ)でメジナやクロダイをねらうウキフカセ釣りには寄せエサ(オキアミと粉末(ふんまつ)状の配合エサに海水を加えて混ぜたもの。コマセともいう）が必須(ひっす)。そのエサを投入するための道具がヒシャクです。

ヒシャク（柄杓）といえば一般には、神社で手を洗うためのものや茶道でお湯を汲(く)むものを想像すると思います。一方、釣り用のヒシャクは柄(え)が細身のカーボン製、エサをすくうカップ部はチタン素材なども使われ、グリップにも工夫を凝(こ)らした専用設計品です。熟練(じゅくれん)した釣り人はこのヒシャクで遠近を正確に投げ分け、さらには寄せエサを固めたまま投げる、空中でバラけさせる（バラバラにする）など、自由自在に操(あやつ)って効果的に魚を寄せ、釣果(ちょうか)をあげます。これをコマセワークといいます。

Q37

堤防でアジ・イワシなどをねらう代表的な釣り方といえば？

❶ ズボ釣り

❷ サビキ釣り

❸ 落とし込み釣り

Q37 答え 

サビキ釣りとは、数本のエサに似せた小さな疑似餌（サビキバリ）と、寄せエサとなるアミを入れるカゴを組み合わせた仕掛けで行なう釣り方です。寄せエサのカゴは仕掛けの上下どちらかにセットし、寄せエサを詰めたら仕掛けを投げたりせず、サオの真下に下ろしていきます。そして、サオを少し上下させて寄せエサをカゴからゆすり出すようにすると、近くの魚が寄ってきます。このときもう一度仕掛けを何度か上下させることで、エサを食べにきた魚がサビキバリをエサだと思って食いつくという仕組みです。

サビキ釣りは、アジやイワシの群れが回遊してきたときには非常に有効な方法で、一度当たりだすとたくさん釣れるチャンス到来です。操作も簡単なことから、堤防のファミリーフィッシングとして大人気の釣りです。

Q38

養魚場（ようぎょじょう）から管理釣り場に放流された直後のヘラブナをなんという？

❶ 新ベラ

❷ 放流ベラ

❸ 元気ベラ

Q38 答え 

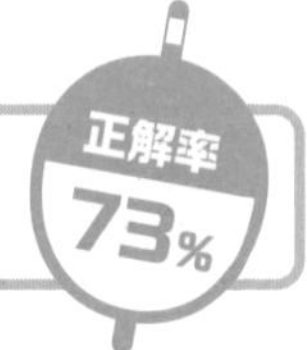

ヘラブナ釣りはキャッチ＆リリースを前提とした日本のゲームフィッシング。釣り場は自然の湖沼や河川のほかに、ヘラブナがたくさん放流された有料施設＝管理釣り場も豊富にあって大人気です。

管理釣り場でキャッチ＆リリースを繰(く)り返していく間に、魚の活性は少しずつ落ちてきます。そこで定期的に新しいヘラブナを放流してリフレッシュを図(はか)るわけです。これを「新ベラ」といいます。施設にとっては「新ベラ放流」とうたうことで宣伝(せんでん)になり、釣り人もコンディションのよい元気なヘラブナが増えるので大変よろこばれます。新ベラの時期は魚を運搬(うんぱん)しやすい10～11月が中心です（なんだか秋の「新そば」みたいですね）。新ベラは今まで一度もハリに掛(か)かったことがないので食い気もおう盛(せい)なため、エサなども含めてそれに合わせた釣り方でねらうとより効果的です。

ヘラブナ釣りの格言（かくげん）「春は○を釣れ」。○に入るのは？

❶ 宙（ちゅう）

❷ 上

❸ 底（そこ）

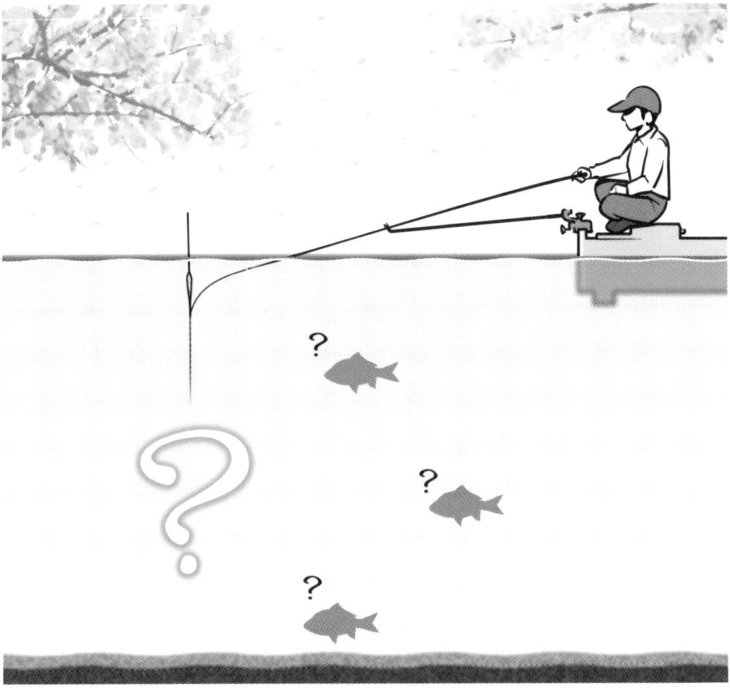

Q39 答え 

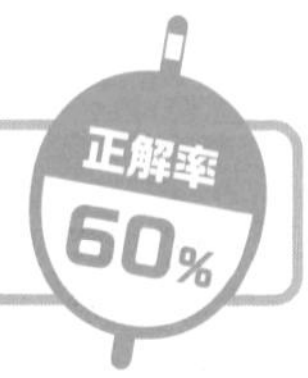

「春は底を釣れ」は、有料施設の管理釣り場ではないまったくの自然の釣り場＝野(の)釣りでとくにいわれてきたヘラブナ釣りの格言です。植物プランクトンを主食とするヘラブナはマブナと違って基本的に宙層（表層や底層ではない、中間の層）にいますが、水温低下の著(いちじる)しい厳冬(げんとう)期は活性が下がり底付近へと移動します。やがて春になると水温が徐々(じょじょ)に上昇してきますが、春は産卵期のため、ヘラブナは底伝(づた)いに産卵する浅場を目差すようになります。したがって「春は底を釣れ」となるわけです。
ちなみに、春と対(つい)をなす格言として「秋は宙（タナ）を釣れ」というものもあります。これらはいずれも野釣りから生まれた格言であり、管理釣り場では必ずしもこの限りではありません。

Q40

仕掛けが水中の障害物や水底の石、木などに引っ掛かることをなんという？

❶ 根掛かり
❷ 底釣り
❸ 言い掛かり

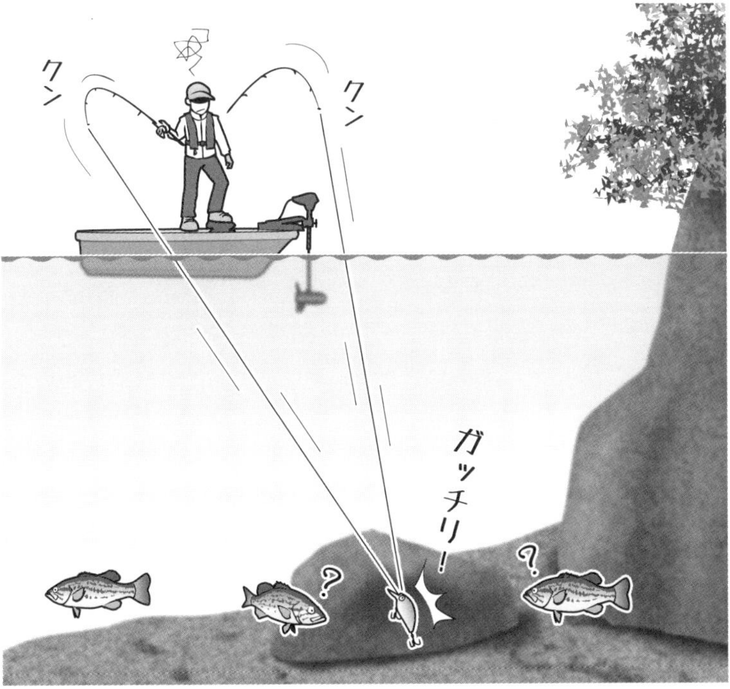

Q40 答え 

このほか、釣り人同士の会話で冗談交じりに「地球を釣った」などといったりもします。魚たちは身を守るため、あるいはエサを捕るため、さまざまな物に身を寄せたり変化のある場所を好みます。そして、釣りではそのようなところをねらうため、また多くの場合、釣り人からは水中のようすがよく見えないこともあり、どうしても根掛かりが起きやすく、まさに切っても切れない（ダジャレではなく）関係にあります。

根掛かりしたとき、力任せにサオをあおったり仕掛けを引っ張るとよけいに事態を悪化させてしまいがちです。各釣りごとに外し方のコツがあるので、落ち着いて対処しましょう。釣りによっては根掛かり外しのアイテムもあります。

Q41

カワハギ釣りの外道（目的外の魚）でよく釣れるのは？

❶ ウロハゼ
❷ トラギス
❸ キンメダイ

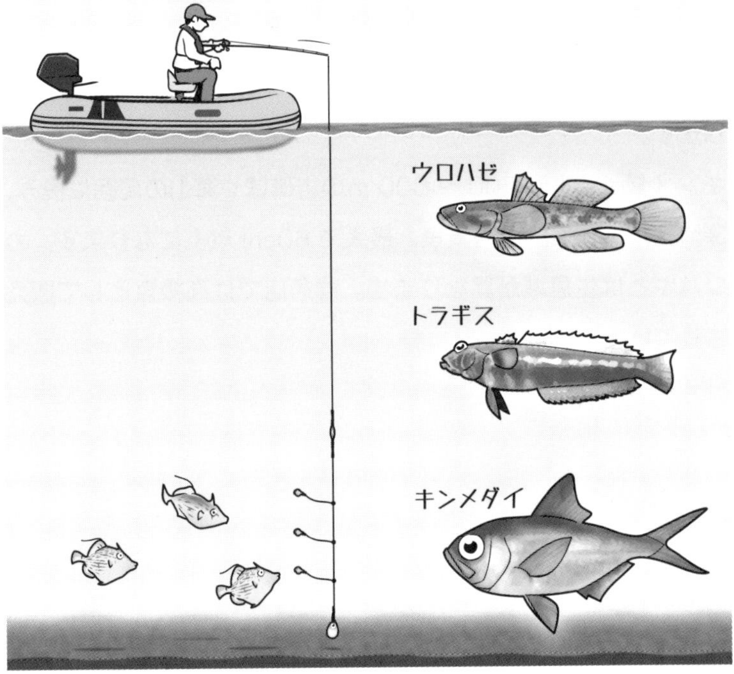

ウロハゼ
トラギス
キンメダイ

Q41 答え 

ウロハゼ＝河口部や内湾の汽水域の砂泥底に棲み、淡水域にはほとんど見られない。成魚で 20cm 前後。ハゼ（マハゼ）釣りをしていると、大きなハゼが釣れて驚かされることがあるが、よく見るとこのウロハゼであることがしばしばあります。カワハギとは生息域が異なります。
トラギス（正解）＝浅海の砂礫底に棲み、カワハギと生息域が重なります。大きさは最大で 20cm ほど。どん欲な肉食魚で海底を泳ぎ回りながら甲殻類やゴカイ類を食べることから、カワハギ釣りのエサのアサリむき身にもよく反応し、一緒によく釣れます。
キンメダイ＝水深 200 ～ 800 mの岩礁域や海山の周囲に棲み、深海釣りの代表的な対象魚。最大で 60cm 以上になります。カワハギとは生息域が異なります。鮮魚店では高級魚として販売されています。

Q42

船のカワハギ釣りの定番(ていばん)エサといえば?

❶ シジミ
❷ アサリ
❸ トコブシ

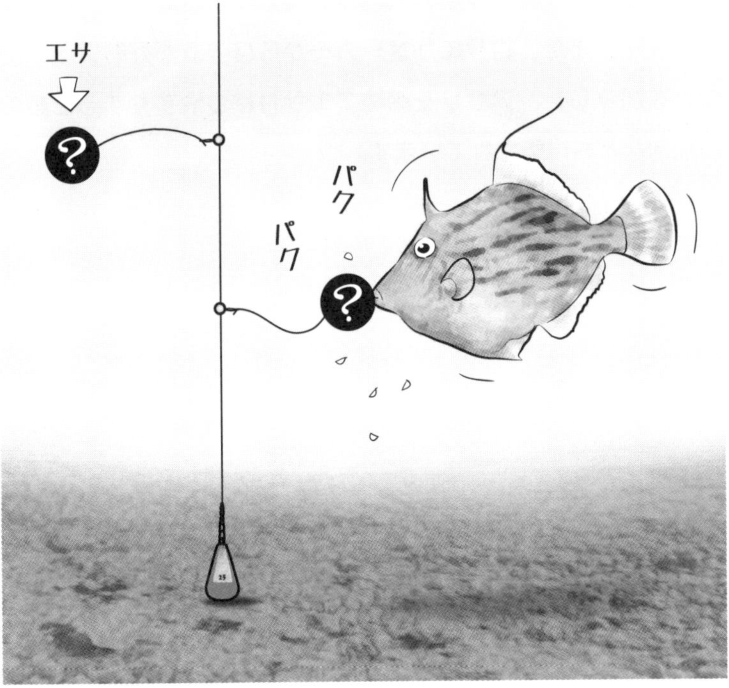

エサ

パク
パク

Q42 答え 

投げ釣りではアオイソメやイワイソメなどの虫エサも有力ですが、船釣りでは現在はアサリ一択といっていいほど定番のエサで、なるべく小粒の殻をむいたむき身を使います。通常３本バリのドウヅキ仕掛けで、ハリ１本に付けるむき身は1つ。「エサ取り名人」と呼ばれるカワハギにエサだけ食い逃げされないように、硬い水管横からハリを刺して180度回し、ベロを縫うようにしっかりとハリを入れ、身を寄せてハリ先をワタの中で止めます。また、釣りエサメーカーからは、魚が好むアミノ酸などを加味した、アサリを締めてエサ付けしやすくするための添加剤なども市販されています。

Q43

スミイカ釣りで仕掛け(しか)のテンヤ（オモリとハリが一体化したパーツ）につけるのは？

❶ シャコ
❷ アマエビ
❸ サバの切り身

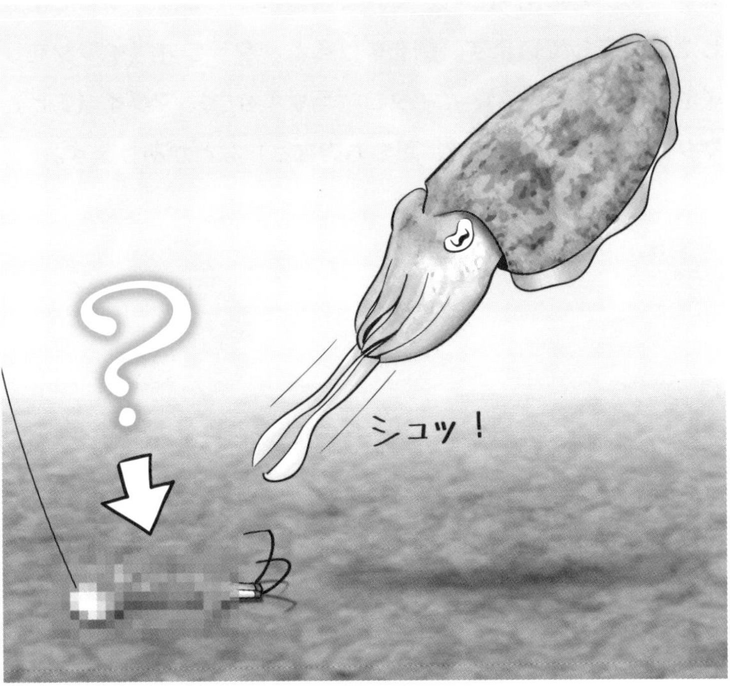

Q43 答え 

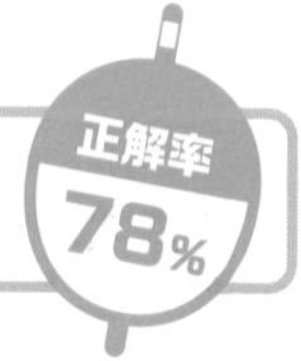

東京湾で船のスミイカ伝統釣法といえば、シャコテンヤです。シャコは尾にＶ字の切れ目を入れて、そこから串をシャコに刺し入れ、頭を輪ゴムなどで留めてテンヤに装餌します。そのほか、陸っぱりからスミイカを釣るには餌木を使ったエギングも有効。また、スミイカのスミはたいへん取れにくいのでご注意を。

オモリとハリが一体化したテンヤの仕掛けはほかにもさまざまなターゲットに用いられ、それぞれのエサをセットするのに適した形状をしています。例を挙げると、タチウオ（イワシをワイヤーで巻きつける）、イイダコ（ラッキョウ）、マダイ（エビ）、マダコ（小アジ・イワシ、鶏もも肉など）などがあります。

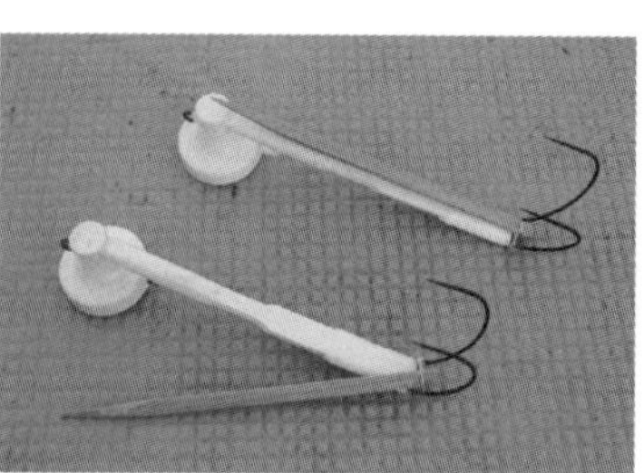

シャコテンヤ（左２点）とエサのシャコをセットした状態（右）

ハリス切れを防ぐため、一定以上の力で引かれるとイトが出ていくリールの機能(きのう)は？

❶ クラッチ

❷ ハンドル

❸ ドラグ

Q44 答え 

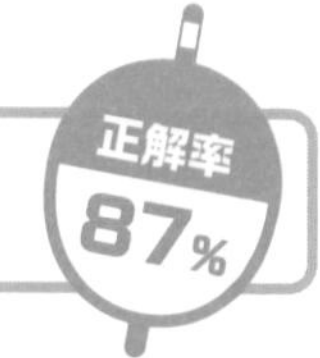

スピニングリールやベイトリールなどには、設問のように、一定以上の力でイトが引かれたときに、イトを巻いてあるスプールが逆回転して巻いてあるイトを放出するドラグ機能がそなわっています。
ドラグ機能の目的は、ハリ掛かりした大きな魚が突然猛烈に抵抗したり突っ走ったりしたとき、瞬間的に強度以上の力がイトに掛かって切れるのを防ぐためです。なかでも高性能のものになると、とてもなめらかにドラグが効き始めるので、大もののバラシ（イトが切れたりハリが外れて魚に逃げられること）が少なくなり、安心して魚とやりとりができます。
ドラグは自分で簡単に調整できるので、釣りをする前に、対象魚の力強さと、自分で使っている釣り道具や仕掛けの強さとのバランスをよく考え、どの程度の力がイトに掛かったときにドラグが効きはじめるか、慎重にセッティングしておきましょう。

Q45

アユの友釣りでオトリアユの尻ビレ付近に刺して仕掛けを安定させるためのハリは？

❶ サカサバリ

❷ イカリバリ

❸ バリバリ

Q45 答え 

アユの友釣りでは、９ｍ前後の長いサオを使い仕掛けに生きたオトリアユをセットして泳がせ、野アユのナワバリに侵入させて闘争心をあおり、野アユが追い払おうとオトリに体当たりしたときに尾ビレ後方にセットしたハリに掛かるという仕組みです。このハリをイカリ状に組んだものを３本イカリまたは４本イカリ、複数の１本バリを吹き流し状にセットしたものをチラシといいます。これらはそのままだとハリの重さで沈み、底に引っ掛かって根掛かりしてしまうため、それを防ぐ目的でオトリの尻ビレ付近に支点となるサカサバリ（逆バリ）を打ちます。サカサバリにはカエシがなく短く小さいため、野アユがハリ掛かりすると外れる仕組みになっています。

Q46

投げ釣りで「8色飛んだ」といえば何メートルのこと？

❶ 100m

❷ 80m

❸ 200m

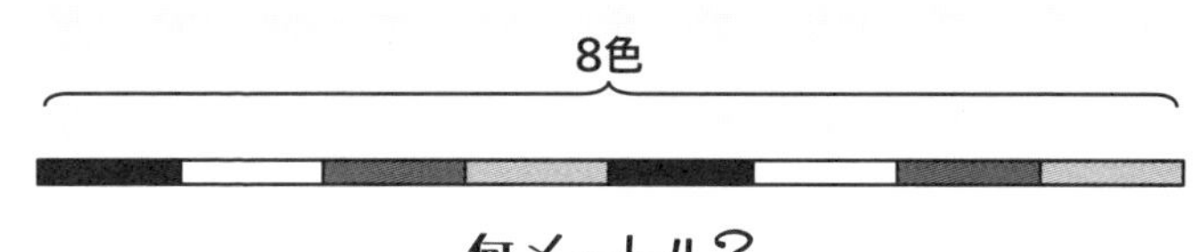

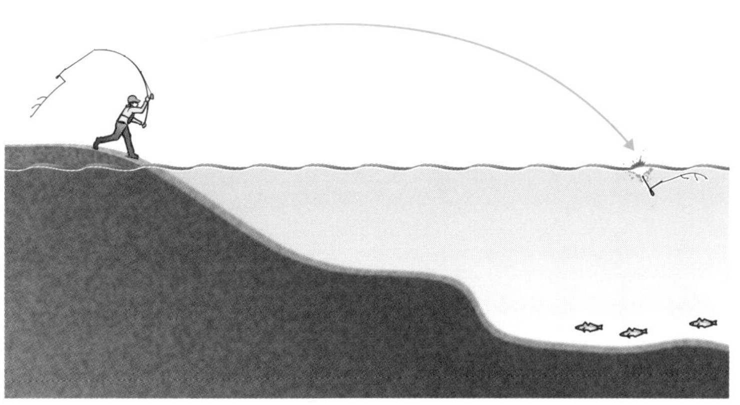

Q46 答え 

投げ釣り専用のライン（釣りイト）は、投げた距離がひと目でわかるように25ｍごとに色分けして着色されています。したがって、8色といえば25ｍ×8＝200ｍになります。投げた距離がわかることで、次も同じ距離のポイントをねらいやすくなるというわけです。

ちなみに船釣りで多用されるPEラインは10ｍごとに色分けされていることが多く、釣り人はそれを見て自分が今何メートルの水深（またはタナ）で釣りをしているかを知ることができます。

また、投げ釣りや船釣りとは異なり、ジャンルによっては魚に警戒心を与えないという観点からそのような効果をうたう単一カラーの加工を施したラインもあります。

このほか、リーズナブルな汎用タイプの長巻ナイロンラインにはピンクやイエローなど、さまざまな単一カラーのバリエーションがあります。

Q47

投げ釣りでミチイトの先につけるイトをなんという？

❶ ヒッパリイト
❷ 玉イト
❸ 力イト

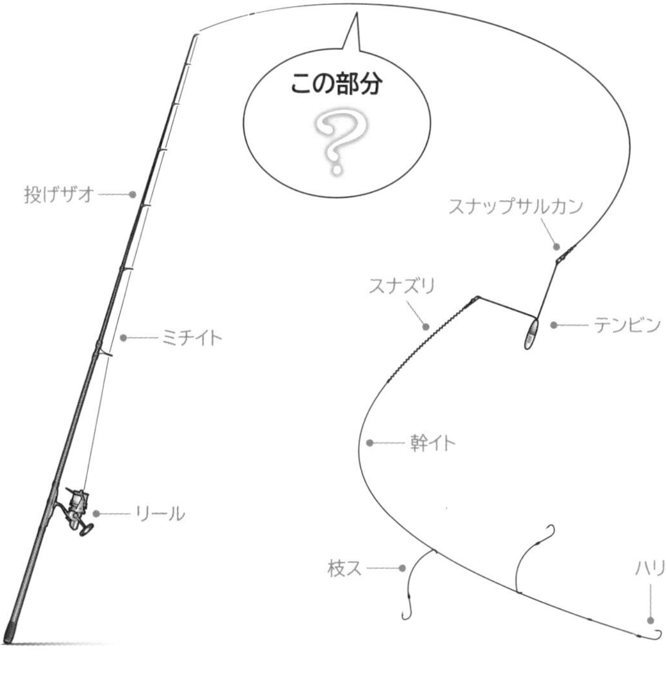

Q47 答え 

Q46 のように、遠くまで仕掛けを飛ばす投げ釣りでは、ミチイトの空気抵抗が飛距離に大きく影響します。ですから理屈では、ミチイトは細ければ細いほどよいことになります。しかし実際には、身体全体を使って４ｍ前後もある投げザオを振り切り、曲げたサオの反発力を利用して重いオモリの付いた仕掛けを飛ばすため、ミチイトが細いとあっという間に切れてしまいます。そこでミチイトの先にカイトと呼ぶ太いイトを結び、投げるときにショックアブソーバーの役割を果たしてもらおうというわけです。

カイトは、５－ 12 号などというように結び目のないテーパー状のものが 12 ～ 15 ｍほどの長さで市販されています。

Q48

バス釣りでワームの頭にオモリを刺し込み、ハリを中央部分に刺して使うネコリグという仕掛けの語源は？

❶ 考案者が「このリグは“ 根こそぎバスを釣ってしまう ”」と思ったから

❷ ワームの動きが、まねき猫の前足のように見えるから

❸ 漁港にいたのらネコが思わず反応してしまったから

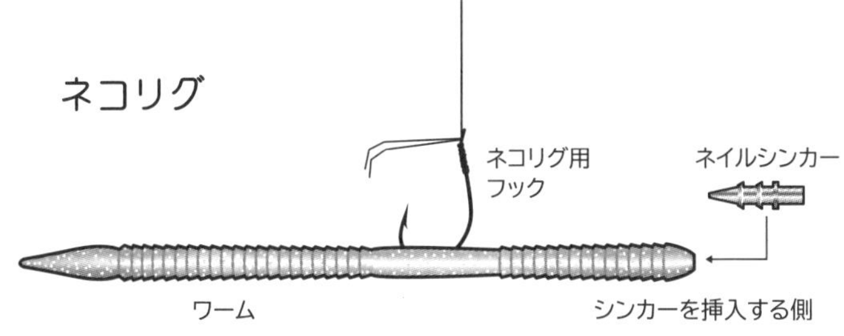

Q48 答え 

ネコリグの語源は「根こ（ねこ→ネコ）そぎ釣れるリグ」です。リグとは仕掛けのことで、発案者はバスプロの村上晴彦さん。日本発祥で世界に広まったことからも「根こそぎ……」の威力がうかがえます。動物のネコを差してネーミングしているわけではないので、英語圏でも表記はそのまま「neko rig」です。

村上晴彦さんはほかにもこれまた有名なダウンショットリグの発案者でもあり、こちらは当時「常吉リグ」と呼ばれていました。常吉＝常に吉、という意味から命名されたそうです。アメリカではドロップショットリグと呼ばれています。

バスフィッシング（ルアー釣り）では多種多彩なルアーが使われますが、リグの種類も豊富で、それらをどこでどのように使うかも腕の見せどころの１つです。

Q49

釣りイトの結び方で実際にあるのは？

❶ 大漁（たいりょう）結び
❷ 飛行機結び
❸ 電車結び

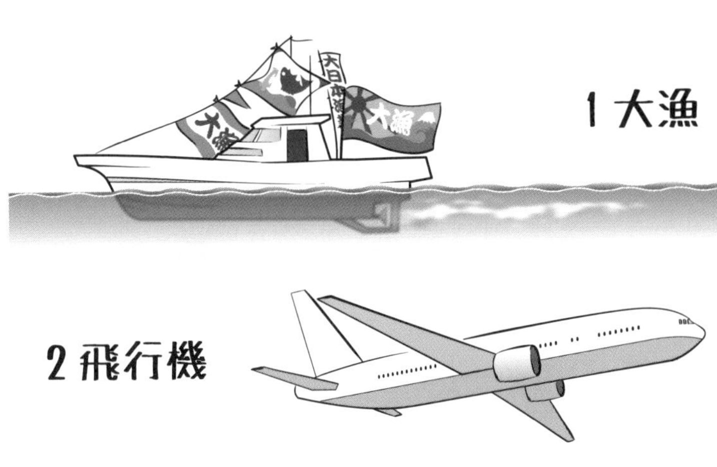

Q49 答え 

結び目が連結した電車のようにも見えるので、電車結び（下図）とはよく名付けたものです。電車結びはイト同士を結ぶためのもので、初心者でも比較的簡単にでき、多くの人に利用されています。また「摩擦系」と呼ばれるPEラインとほかの素材のイトを結ぶ方法ほどの強度は得られませんが、PEラインとショックリーダーの接続にも使えるので汎用性も高いといえるでしょう。弱点は、他の結びでもある程度同じことはいえますが、太さが大きく異なるイト同士を結ぶのには向いていません。

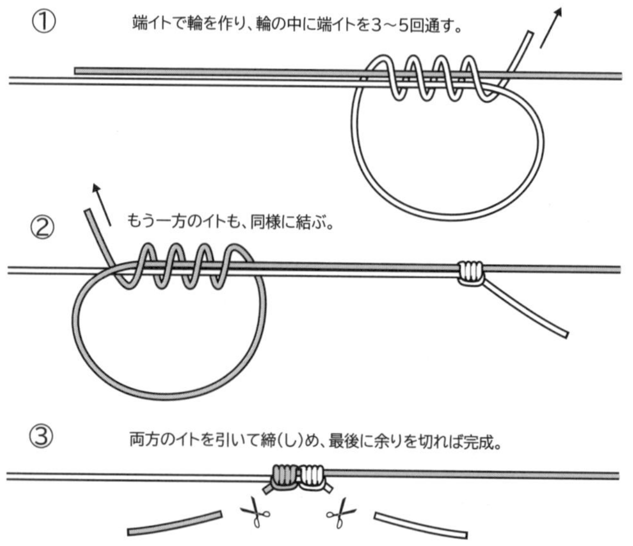

Q50

20ポンドクラス「CLASS(lb)」と表記されたイトの強さは……

❶ IGFA20lb クラス（10kg）以下で切れる

❷ IGFA20lb クラス（10kg）前後で切れる

❸ IGFA20lb クラス（10kg）以上の強度がある

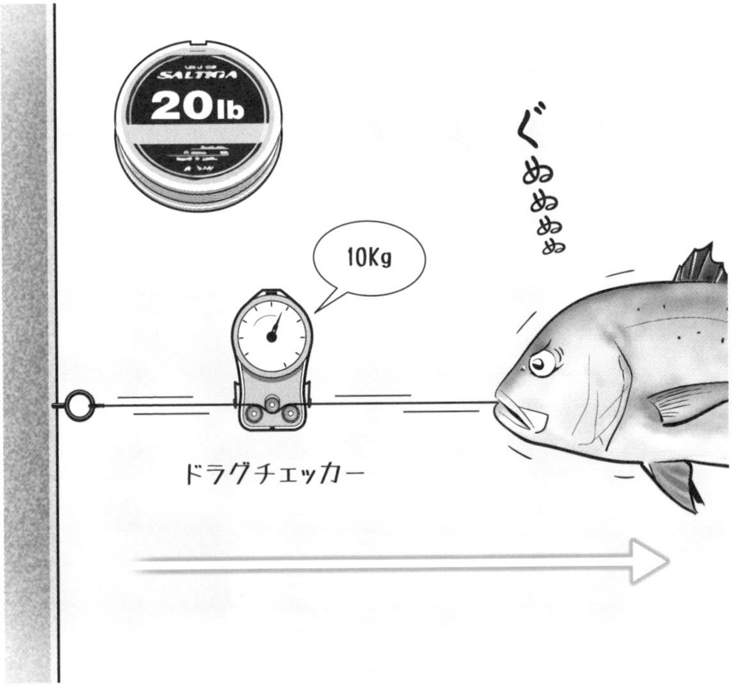

Q50 答え 

一般的にポンド「クラス」ラインの「クラス」とは、IGFA（インターナショナル・ゲームフィッシュ協会）が定めたラインクラスの「クラス」を示します。釣魚の世界記録や日本記録にはラインクラスがあり、使用したラインの強度が（後に計測する）ラインクラスの基準強度を超えると上のラインクラスの記録となってしまうので、表示強度未満で切れるようになっています。
IGFA は、釣りの普及や振興、釣った魚の記録保全を活動内容とする国際的な団体です。80 年以上の歴史があり（1939 年創立）、初代副会長を『老人と海』で知られる作家のアーネスト・ヘミングウェイが務めるなど、著名なアングラーも参加しています。
また、日本にはこの IGFA の精神・趣旨に共鳴し、その普及に努めている独自の非営利団体＝ JGFA（ジャパン・ゲームフィッシュ・アソシエーション＝正式名称「ジャパンゲームフィッシュ協会）があります。

Q51

イトをはさんでとめる割(わ)れ目の入った球型(きゅうけい)のジンタンと呼ばれるオモリの大小は？

❶ 1号＜2号＜3号
❷ 1号＞2号＞3号
❸ 1号＝2号＝3号

Q52

現在の釣りイトの号数(ごうすう)は何を表わす？

❶ 太さ
❷ 強さ
❸ 硬(かた)さ

Q53

ルアーの重さを表わすのに使われるオンス。1オンスは何グラム？

❶ 15g
❷ 100g
❸ 28g

Q51 答え 

1 = 0.4g、2 = 0.31g、3 = 0.25g（メーカーにより微妙に数値が異なる場合があります)。

Q52 答え 

正解率 73%

ナイロン、フロロカーボン、ポリエステルの釣りイトについては、「1 号＝標準直径 0.165mm」という基準規格があります。これらのイトは単糸の化学繊維で、直接太さを計測することが可能。平成 22 年に日本釣用品工業会が定めた基準規格では、標準直径は、製品の一点を三方向から計測した平均値と決められています。ナイロンイト以前、テグス（天蚕糸）が使われていた時代は、細いテグスを直接計ることができなかったため、5 尺（約 150cm）の重さを 4 毛から 1 分 2 厘までの 14 種類に分けて販売していたそうです。

Q53 答え 

より正確には 1 オンス＝約 28.3 ｇ。

Q54

釣りバリの形で実際にあるのは？

❶ ケムリ
❷ ネクラ
❸ ネムリ

Q55

一定の水深（すいしん）にとどまるように調整（ちょうせい）されたルアーを何タイプという？

❶ フローティングタイプ
❷ サスペンドタイプ
❸ シンキングタイプ

Q56

PEラインと呼ばれている釣りイトの素材は？

❶ 高分子量（ぶんしりょう）ポリエチレン
❷ 超高分子量ポリエチレン
❸ 超低分子量ポリエチレン

Q54 答え 

ハリ先を大きく内側に向けたハリ。歯の鋭(するど)い魚などを釣るとき、のどの奥(おく)ではなく、口元でハリ掛(が)かりさせてイトが切れないようにするため、この形状になっています。

Q55 答え 

suspend（サスペンド）＝「浮遊(ふゆう)させる」の意味です。

Q56 答え 

PE＝ポリエチレンの略です。PEラインは複数本のこの極細(ごくぼそ)の原糸(げんし)を撚(よ)って1本のイトにしたものです。

Q57

フロロカーボンと呼ばれている釣りイトの素材は？

❶ ポリ酸化ビリニデン
❷ ピリフッ化ビリニデン
❸ ポリフッ化ビニリデン

Q58

スイベルなどの接続具を使わずにミチイトとハリスやハリを結ぶことをなんという？

❶ 直結
❷ 連結
❸ 接着

Q59

イシダイ釣りで通常使われるハリス（ハリに結ぶイト）の材質は？

❶ 高ナイロン
❷ PE
❸ ワイヤー

Q57 答え

1971年に、(株)クレハが世界で初めてフロロカーボン素材の釣りイトを開発・発売しました。

Q58 答え

直結＝あいだにほかのものを置かず、直接結びつけること。

Q59 答え

イシダイやイシガキダイは、硬いくちばしのような口と歯で甲殻類や貝類をかみ砕いて食べているので、ハリスを切られないようにワイヤー素材のものを使います。

Q60

サオの曲がり方を表わす調子。もっとも先調子なのは？

❶ 6：4調子
❷ 5：5調子
❸ 7：3調子

Q61

両軸リールでイトを収納するスプールに釣りイトを均一に巻くため、左右に動いてイトをガイドするパーツは？

❶ レベルワインド
❷ クラッチ
❸ スプール

Q62

流れがもっとも急な場所は次のどれ？

❶ 早瀬
❷ チャラ瀬
❸ 荒瀬

Q60 答え 

一定の負荷(ふか)をかけたときのサオの曲がりを数字で表わしたのが調子で、右側の数字が小さくなるほど先調子（より穂先(ほさき)側に曲がりの頂点がくる）になります。その反対を胴(どう)調子といいます。一般的に、先調子のサオは仕掛(しか)けの操作性がよく、胴調子のサオは魚がエサを食い込みやすいとされています。

Q61 答え 

リールのハンドルを巻くとレベルワインドが連動して左右に動き、巻き込むイトが１ヵ所にかたよらないようにします。

Q62 答え 

渓流(けいりゅう)やアユ釣りの激流(げきりゅう)ポイント。「ガンガンの荒瀬」といったりもします。荒瀬とガンガン（の瀬）を分けて使う場合もありますが、感覚的なものといってよいでしょう。

Q63

キス釣りなどで使う遠投専用スピニングリールの特徴といえば？

❶ ドラグがついていない
❷ ハンドルが折れ曲がる
❸ ハンドルノブが回らない

Q64

投げ釣りのエサに使われるイワイソメ、関西ではおもになんと呼ばれている？

❶ コブラ
❷ マムシ
❸ ハブ

Q65

ブラックバス釣りで使うバイブレーションルアーの別名は？

❶ リップレスクランク
❷ ロングキャストルアー
❸ サウンドクランク

Q63 答え

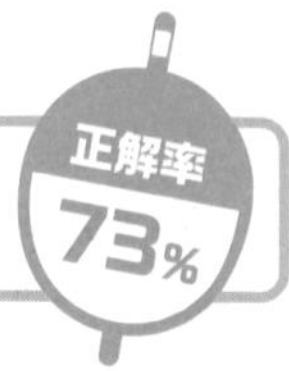

遠投専用スピニングリールにドラグがないのは、投げたときに万が一ドラグが滑ってイトが出ると、イトにかけた指を怪我する恐れがあるためです。
※ドラグ機能については 80 ページの解説をご参照ください。

Q64 答え

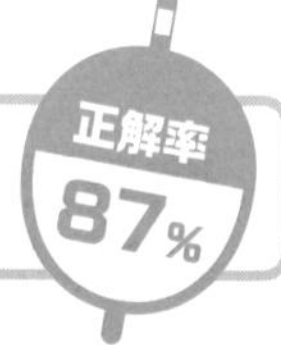

中国・四国地方ではホンムシと呼ばれます。イワイソメは切ったときに出る体液のにおいが高い集魚効果を発揮するとされています。

Q65 答え

バイブレーションとは、ブラックバス釣り用ルアーのプラグのうち、リップと呼ぶ水抵抗版がない（リップレス）代わりにおでこの部分で水流を受け、ボディーを小刻みに振動させながら泳ぐタイプのルアーです。形状的には、薄いボディーの背中の部分にラインを結ぶアイがあるのが特徴です。また、シーバスなど海で使うルアーにもバイブレーションタイプがあって人気で、金属製が多くメタルバイブと呼ばれています。

Q66

フライラインには重さで決まる「番手」がある。その重さの単位「グレイン」(1グレイン≒0.0648g)は、何を元に決められた？

❶ 大麦1粒の重さ
❷ お米1粒の重さ
❸ ゴマ一粒の重さ

Q67

ルアーロッドなどの硬さ（H：ヘビー、M：ミディアム、L：ライト）で正しいのは？（硬いものを大とする）

❶ H>M>L
❷ H=M=L
❸ H<M<L

Q68

タナゴ釣りのエサとして使われる玉虫とは？

❶ 玉虫の卵
❷ うずらの卵
❸ イラガのさなぎ

Q66 答え

このグレインを用いて、フライラインの規格では先端から30フィート（約9ｍ）の重さで番手（番号）が決まります。番手の数字が大きくなるほどラインは重くなります。

Q67 答え

さらに細かくいうと、Lよりもやわらかいウル(ウルトラライト)、LとMの中間にあたるML（ミディアムライト）、MとHの中間のMH（ミディアムヘビー）、そしてHよりも硬いXH（エクストラヘビー）があります。

Q68 答え

イラガという蛾のさなぎ。まゆのなかから取り出し、内臓をハリに巻き付けて釣ります。

3章

釣りに関連するさまざまな雑学なども含む

43問

2章に引き続き、ここでも釣りに関連するものごとを取り上げていきます。釣り用語などのほかに、釣果には直接関係しませんが、釣り人同士の話題として出てきそうなこと、知っておくと楽しい、あるいはタメになりそうなことをクイズにしてみました。全問正解できれば、ちょっとした「釣り博士」気分になれるかも！?

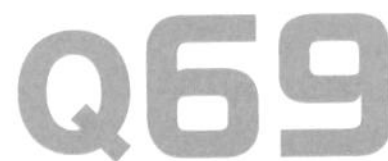

Q69

アユの友釣(ともづ)りとは、アユのどのような性質(せいしつ)を利用した釣り方？

❶ とても臆病(おくびょう)

❷ ナワバリをつくる

❸ 群(む)れをなす

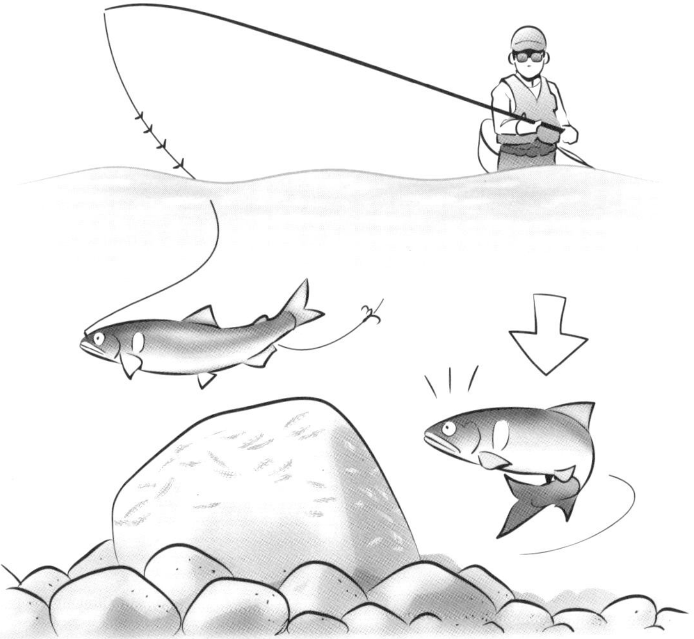

Q69 答え 

海から遡上した数センチほどの稚アユは、川底の石に付く苔を主食とするようになります。さらに、よい苔が付く石を独占するためにナワバリをつくり、侵入してきた他のアユに体当たりして追い払うようになります。この習性を巧みに利用し、ハリの付いたオトリアユを操作して野アユに体当たりをさせ、掛けるのがアユの友釣りです。

一方で、近年は「群れアユ」といってナワバリをつくらず群れ泳ぐアユもいて、オトリアユが近寄ってきてもなかなか追い払おうとしません。アユ釣りファンの人たちは、この群れアユをどうやって攻略するかにも知恵をしぼっています。

Q70

この天気図はどの季節に典型的な気圧配置？

❶ 冬

❷ 夏

❸ 梅雨

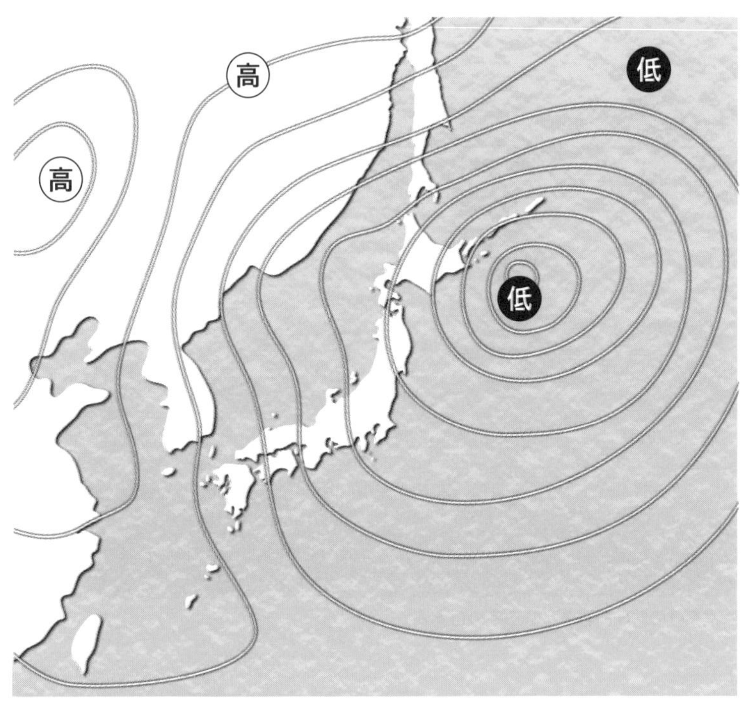

Q70 答え 

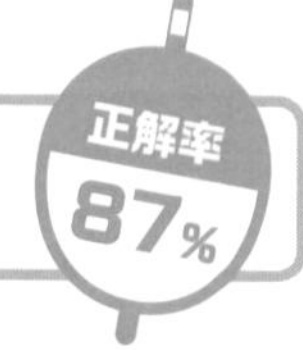

冬になると大陸から冷たい空気を伴う高気圧が日本列島へ張り出し、日本列島上空の西側に高気圧が、東側には低気圧が位置するようになります。これを天気図に表わしたのがいわゆる「西高東低」型で、冬の典型的な気圧配置です。とくに、等圧線が日本列島に多くかかるほど（等圧線の間隔がせまい状態）寒気が強まり、日本海側は大荒れとなり、一方、太平洋側では降水のない日が続きます。

西高東低の気圧配置で荒れる冬の日本海

Q71

30cm前後の大きなシロギスを俗（ぞく）になんという？

❶ ウデタタキ

❷ ヒザタタキ

❸ ヒジタタキ

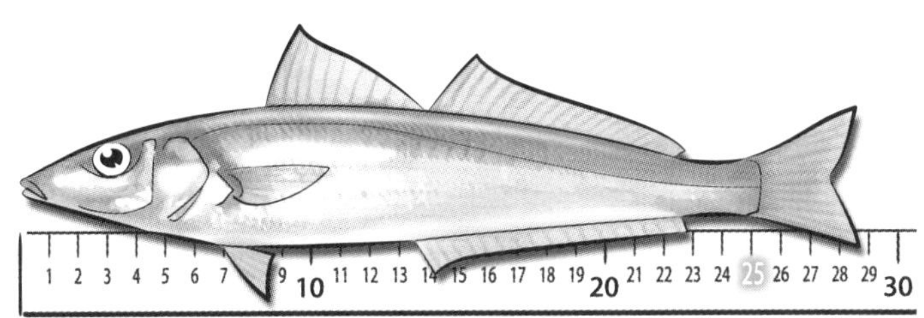

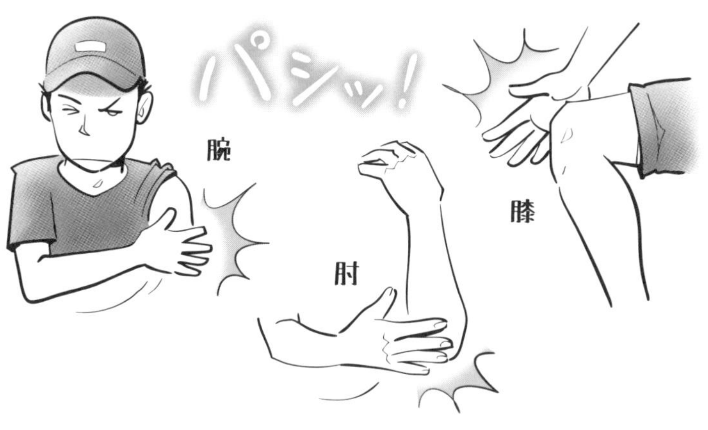

Q71 答え 

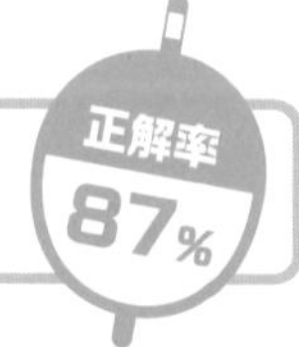

パールピンクの可憐な体色とスマートな体型などから「海の女王」「貴婦人」などとも称されるシロギス。しかし大型になると繊細優美な見かけとはうらはらに意外な引きの強さで釣り人をおどろかせます。なかでも尺（約 30cm）前後の大ものとなると、釣りあげてつかんだときに暴れて尾ビレ付近が人のひじに当たり、そのようすからシロギスの大ものがヒジタタキと称されることになったといいます。シロギスは通常４歳で 17.5cm ほどですから、尺となるといかに貴重であるかがうかがえます。ちなみに、小型は「ピンギス」という愛称で呼ばれています。

釣りでよく使われる偏光（へんこう）グラス。「偏光」の機能とは？

❶ 水面のギラギラをカットする

❷ 光を減光（げんこう）する

❸ 見えるものをバラ色にする

Q72 答え 

偏光グラスとサングラスは、見た目が同じ（レンズに色がついている）ことから混同されがちです。偏光グラスはレンズに色がついているだけではなく、レンズとレンズの間にはさんだ偏光膜の働きにより、光のギラツキをカットしてくれるという機能があります。そのため、常に水面を見つめる釣りでは目の疲れが軽減されるだけではなく、水中のようすも見えやすくなるなど大きなメリットを得られます。「偏光グラスは重要な釣り具の１つ」といわれるゆえんです。

釣りに特化した偏光グラスには、さまざまな可視光線透過率や偏光度の製品がラインアップされているので、目的に合ったものを選ぶようにしましょう。

Q73

東京湾などで発生し、魚や貝の大量死をもたらす青潮（あおしお）とは？

❶ 青いプランクトンが大発生した状態

❷ サバ、アジなどの青魚（あおざかな）が群れて過密（かみつ）になっている状態

❸ プランクトンが大発生したあと死滅（しめつ）し、海中の酸素（さんそ）が少なくなった状態

1 青いプランクトン大発生

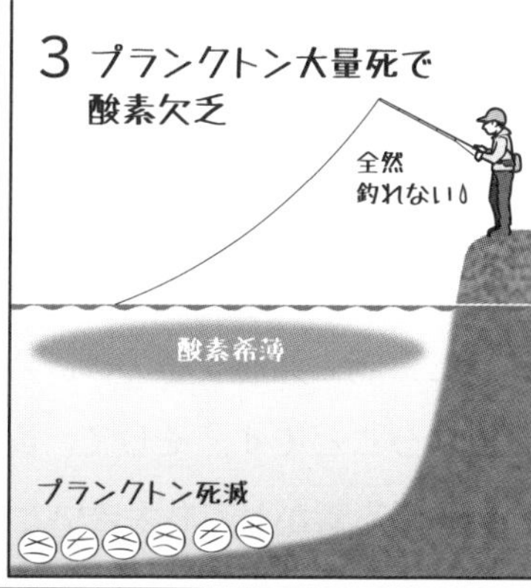

Q73 答え 

富栄養化により大量発生したプランクトンが死滅して海底に沈殿し、バクテリアによって分解されると、そのとき海中の酸素が大量に消費されるため溶存酸素の極端に少ない貧酸素水塊ができます。そして嫌気性細菌によって硫化水素が発生しその結果、乳青色や乳白色に見えるので青潮といいます。

ひとたび青潮が発生すると、その水域では酸素が欠乏しているため、魚類や貝類の大量死を引き起こすことがあります。

また、青潮よりも一般的に知られる赤潮は、外海との海水の循環が悪い場所で海水中の窒素やリンなどがふえると、植物プランクトンが急にふえることがあります。このプランクトンで海がピンクや赤色に見える現象のことをいいます。

赤潮と青潮に共通するのは、きれいな海域ではほとんど起きないということです。そして、発生の原因としては、私たちの生活排水の影響がとても大きいといわれています。

Q74

居食(いぐ)いとは？

❶ 同じところでアタリがあること

❷ 魚が動かずエサを食べることでアタリが出にくい

❸ 釣りをしながら食事をすること

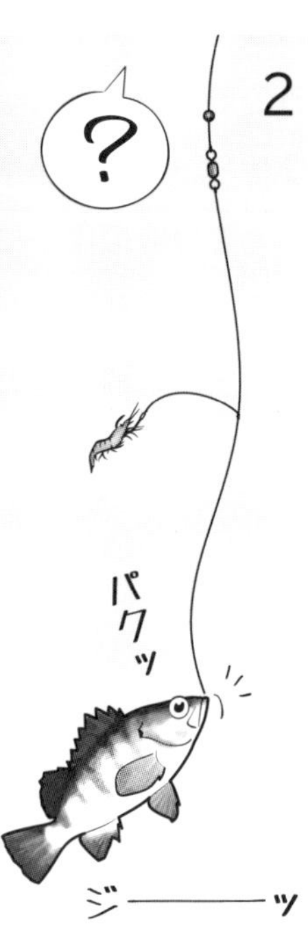

Q74 答え 

一般的な言葉としての居食いの意味は、「働かないで手持ちの財産などで生活すること」。これが釣り用語になると、答えのように、魚が動かずにエサを食べる状態（なのでアタリが出にくい）を差します。

フナ釣りを例にあげると、冬に向かって水温が下がるとフナたちは深場に移動し、やがてあまり動かなくなり、エサも活発に食べなくなります。それでも目の前にエサがあるとさすがに食べるのですが、その場を動かないため、ウキにも変化があまり出ません。これが典型的な居食いでアタリがわからない状態です。渓流や磯のように流れが速い釣り場なら、魚が動かなくても水の抵抗で仕掛けが流されるはずなのにブレーキがかかるので異変を感じ取ることができますが、流速のない場所ではなかなかむずかしい。そこで、釣り人は少しずつ仕掛けを動かして魚の食い気をさそったり、仕掛けを少し張ってみて魚が居食いをしていないかようすをみるなどの工夫をします。

Q75

川の右岸（うがん）、左岸（さがん）はそれぞれどっち？

❶ 上流を向いて右が右岸、左が左岸

❷ 川によって違う

❸ 下流を向いて右が右岸、左が左岸

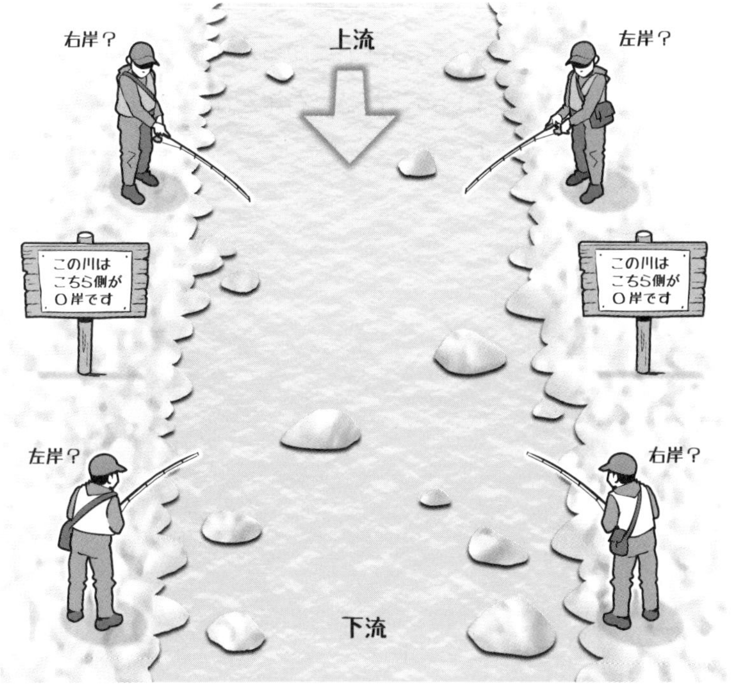

Q75 答え 

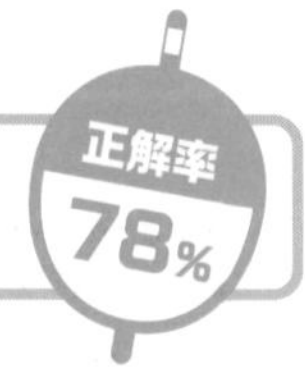

上流から下流（＝川の流れる方向）に向かって見たときに川の右側を右岸、左側を左岸というのが正しい呼び方です。ときどき、右岸左岸を逆にいう人もいらっしゃるので話のさいには確認するとよいでしょう。

たしかに、今は下流側から上流を見て右を右岸、左を左岸と呼ぶほうが感覚的に自然な気もします。ではどうしてそうではないのかというと、むかしは川が物資の流通に大きな役割を果たしており、上流に住む人たちは下流から舟で荷物が運ばれてくるのを見つめて待っていたことが、右岸左岸のもとになったという説もあるそうです。

Q76

釣り用語のオマツリとは？

❶ ほかの人の仕掛けとからまること

❷ 仕掛けが切れてしまうこと

❸ たくさん釣れていること

Q76 答え 

ほかの人の仕掛けとからんでしまった状態をオマツリといい、自分で自分自身の仕掛けをからませてしまった場合は「手前(てまえ)マツリ」といいます。船釣りでは船の両側＝両舷(りょうげん)に釣り人が並んで仕掛けを下ろすため、風や波が強くてイトが斜(なな)めになったり、だれかが不必要にイトを出したりしてほかの人と仕掛けが違う流され方をするとオマツリの原因になります。また、掛けた魚に走り回られてもオマツリしやすくなります。

船釣りでオマツリしてしまったら、相手に「すみません」と声をかけ、自分がビギナーの場合は船長や相手の指示にしたがいイトを出したり巻き取るなどしてほどいてもらいましょう。

Q77

「鰆」はなんと読む？

❶ ワカシ（わかし）
❷ サワラ（さわら）
❸ カジカ（かじか）

わかし

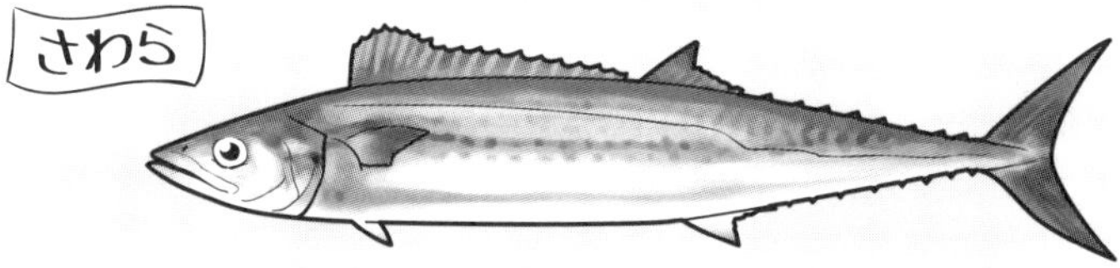

さわら

かじか

Q77 答え 

魚へんに春でサワラ（さわら）です。１は出世魚ブリの幼魚の呼び名で漢字二文字で「若衆」「若子」「魚夏」などと書きます。３は魚へんに秋で「鰍」カジカ（かじか）と読みます。ちなみに、春夏秋があるのだから当然冬もあって、魚へんに冬で「鮗」コノシロ（このしろ）です。

魚食文化の日本には、上記のように名前に季節が含まれる魚や、自然を連想させる魚名がいろいろあります。たとえば、桜鱒（サクラマス）、五月鱒（サツキマス）、雨鱒（アメマス）、雨子（アマゴ）、虹鱒（ニジマス）、氷下魚（コマイ）、桜鯛（サクラダイ）、鱰（シイラ）、𩸽（ホッケ）、真鱈（マダラ）、鱩（ハタハタ）など。また、春告魚（はるつげうお）といえばニシンやメバルを差します。

Q78

時合（じあい）とは？

❶ 釣りから帰らなくてはいけない時間

❷ 魚の食いが活発（かっぱつ）になること

❸ 釣りの友だちとの待ち合わせ時間

Q78 答え 

さまざまな条件が重なって魚の食いが活発になる時間を時合といいます。代表的な例を挙げるとすれば、マヅメと潮の干満でしょう。マヅメとは日の出（黎明）と日の入り（薄暮）それぞれの前後を含む薄暗い時間帯を差し、全体的に魚の活性が上がるとされています。もう１つの潮は、干潮から満潮、満潮から干潮へと潮が動いていく時間帯に魚も活動的になるというもので、昔から「下げ三分、上げ七分」の時間帯などがよいとされてきました。この場合、もちろん対象となるのは海（と汽水域）の魚です。

時合はほかにも風、降水、日照、気圧、水温、潮目の発生、エサの流下など、さまざまな条件で発生しますが、共通するのは自然現象による何らかの変化が魚の活性を高める引き金になっていることです。時合は長く続くものもあれば、ほんのわずかな時間で終わってしまうこともあります。そして、釣りの名手と呼ばれる人たちは、時合を予測し、逃さず釣りをして釣果に結び付けるのがひじょうに上手です。

Q79

バチ抜けとは？

❶ 釣り場でマナー違反してバチが当たったこと

❷ 放流バッチ（ヘラブナなどで、購入するとそのお金が放流資金になるバッチ）がとれてしまうこと

❸ ゴカイ、イソメなどが産卵のため川底の泥地から這い出て水面を浮遊する状態のこと

ヒント

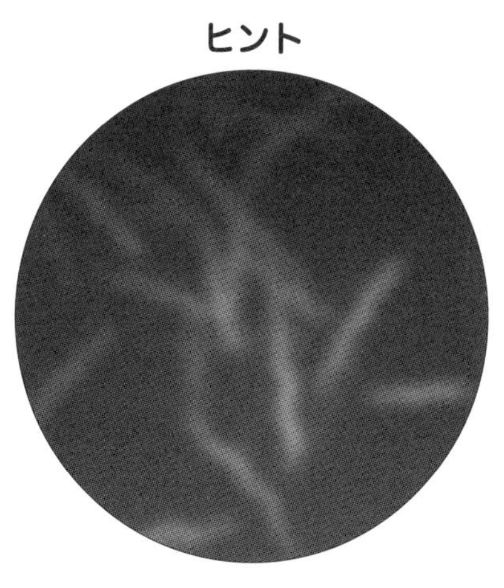

Q79 答え 

これをねらってスズキなどが集まり、そのスズキをねらって釣り人が集まります。

バチというのは、海釣りでよく使われるゴカイやイソメなど（環形動物）のエサの総称です。バチは港湾部や河口付近の砂泥底で見られ、春の大潮のさい、満潮が夕方の時間帯に重なると、地中から大量のバチが抜け出て泳ぎ回りながら産卵行動を行ないます。これがバチ抜けです。

このタイミングで、冬に深場で産卵をしたシーバスが湾奥の運河に現われます。するとそこには、エサとなるバチの大群が水面付近を浮遊していて……産卵でつかれた体を回復するのに絶好のエサです。

そんなわけで、一見グロテスクなバチ抜けですが、港湾部や河川でシーバスを釣る一大チャンスなのです。

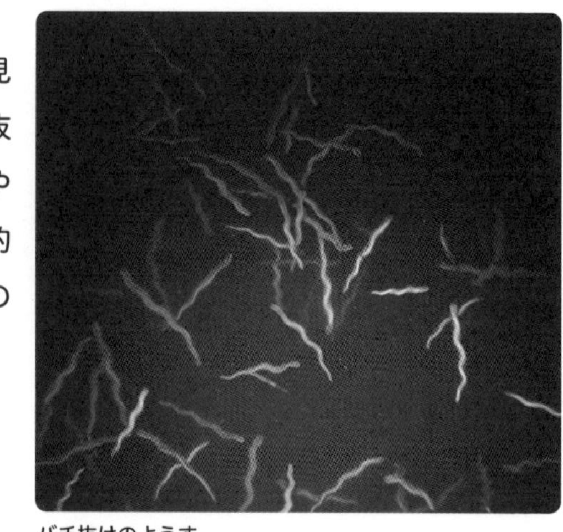

バチ抜けのようす

Q80

ヒラメ40とは、ヒラメ釣りで何を表(あら)わした言葉？

❶ アタリがあってもすぐ合わせずに40数えるくらい待つこと
❷ 40cm以上でなければヒラメと呼べないこと
❸ ヒラメは40回くらい通わないと釣れないむずかしい魚

Q81

磯(いそ)釣りのエサで使う写真のオキアミは、おもにどこでとれる？

❶ 日本海
❷ 南氷洋(なんぴょうよう)
❸ インド洋

Q80 答え

ヒラメは、しっかり食い込ませてから合わせないとハリ掛かりしない、アワセにコツのいる魚です。

海底にいるヒラメが活きエサのイワシを見つけ、おそいかかるとコツッ、コツコツッとサオ先を叩く感じの手ごたえがあります。これはヒラメがイワシをくわえた直後の前アタリで、ここであわてて合わせても、ほぼハリにかかりません。歯型のついたイワシや、半身が食われたイワシが戻ってきてがっかりするだけです。そこで古くから「ヒラメ 40」といって、ヒラメが完全にイワシを食い込むまでじっくりとかまえて待ちなさいという意味の格言が生まれました。ちなみに、「マゴチ 20」という格言もあります。ヒラメの半分ですね。

Q81 答え

オキアミの標準和名はナンキョクオキアミといいます。その名のとおり遠く南氷洋に生息し、見た目は小さなエビそっくりですが、じつは動物性プランクトンです。1970 年代に日本の大手水産会社が南氷洋で試験捕獲し、日本に持ち帰ると、非常に釣れるエサになることがわかりました。そこから一気に人気が出て、広く日本中に流通するようになりました。

Q82

雪代(ゆきしろ)の正しい意味は？

❶ 雪の降(ふ)る季節
❷ 雪解(ど)け水
❸ 季節外(はず)れの雪

1雪のふる季節
2雪解け水
3季節外れの雪
？
雪代…

Q82 答え 

春に雪が解けて川に流れ込んだ水を雪代といいます。降雪の多い地域では、春に気温が急上昇すると、大量の雪代が発生します。雪代が入ると川は青白く濁り、また非常に冷たいため、外気温が高いのに水温が低下するという現象が起こります。そのため、春の渓流釣りでは魚の活性が下がってしまいます。ポカポカ陽気の日に、朝や午前中はよく釣れたのにお昼頃からピタリと食いが止まったら、雪代のしわざかもしれません。こうしたことから、曇りで寒い日のほうがかえって雪代が発生せず、釣果が上がりやすいのです。

しかし、雪代は悪いことばかりではありません。増水で勢いを増した流れは減水期のよどんだ川底を洗い、また上流から多くのエサを運んでくれるので、雪代が落ち着くころにはピカピカの渓流魚たちが釣り人をよろこばせてくれます。

Q83

浮き漁礁と呼ばれる下図のような構造物の別名は？

❶ マカオ

❷ パヤオ

❸ ピエロ

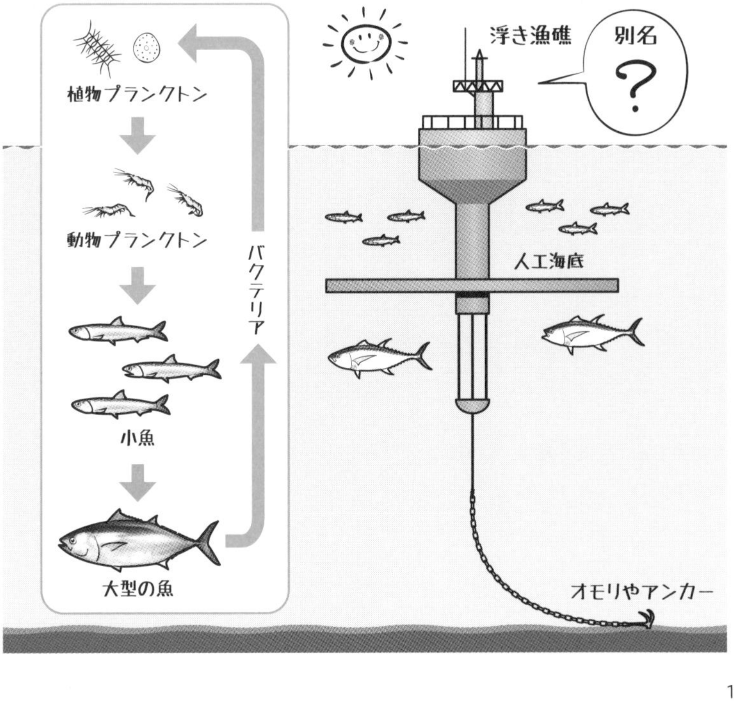

植物プランクトン

動物プランクトン

小魚

大型の魚

バクテリア

浮き漁礁

別名

？

人工海底

オモリやアンカー

Q83 答え 

まず、浮き漁礁とは何かですが、海底にオモリを沈め、長いロープでつないだ先に浮力体をつけて中層〜海面に位置するようにしたもので、漂流物などにカツオやマグロ、シイラなどの大型回遊魚が集まる習性を利用した集魚効果をもつ人工漁礁です。また、設置したパヤオのロープには藻が付着してそれをエサとするプランクトンや小型の魚類が集まり、さらにそれらを食べるより大きな魚が集まるため食物連鎖的な集魚効果もあります。浮き漁礁をパヤオともいうのは、浮き漁礁が盛んなフィリピンから導入したさい、現地で筏を意味する payao がそのまま日本で呼び名として使われ広まったそうです。

Q84

アメリカの一般雑誌でルアーのラパラが最初に紹介されたとき、表紙を飾った有名女優はだれ？

❶ マリリン・モンロー

❷ 吉永小百合

❸ オードリー・ヘップバーン

Q84 答え 

米国を代表する大衆誌『LIFE』。1962年8月17日発売号の表紙はマリリン・モンロー。8月5日の突然死を受け、彼女の追悼記事が特集されました。世界的に有名な女優の早すぎる死は大変なニュースとなり、掲載誌は大増刷。そして、たまたまその号にラパラミノーの記事が掲載されました。

フィンランドの漁師ラウリ・ラパラは、自作した漁具のルアーが漁師仲間の間で大評判となったことをきっかけにラパラ社を立ち上げます。その製品はやがて海を越え、アメリカでも知られ始めていました。そこにこの偶然が重なり、今までラパラを知らなかった人も知るところとなり、一気に販売飛躍につながったとされています。マリリン・モンローの死は本当にいたましい限りですが、ラパラにとってはまさに「運命の女神」だったといえるでしょう。

Q85

長野県の伊那（いな）地方などで食べられている写真の水生昆虫、「ザザ虫」とはおもになんのこと？

❶ ヒゲナガカワトビケラ（クロカワ虫）

❷ カワゲラの仲間（キンパク）

❸ ヒラタカゲロウ（カメチョロ）

Q85 答え 

語源は「ざーざー」した所にいる虫、あるいは浅瀬（ざざ）にいる虫といわれています。昔はカワゲラの仲間が多かったそうですが、今ではヒゲナガカワトビケラ（クロカワ虫）がほとんどです。

ヒゲナガカワトビケラは、日本各地の河川によく見られる大型のトビケラで、幼虫は約4cm近くあり、渓流釣りのよいエサです。また、フライフィッシングでは幼虫、さなぎ、成虫のそれぞれをイメージしたフライ（毛バリ）があります。

ヒゲナガカワトビケラの幼虫（ザザ虫・クロカワ虫）は、口から絹糸を出して石と石のすき間に巣を張り、流れてくる落ち葉の破片などさまざまな有機物をとらえてエサにしています。そのため石の多い流れに多く見られるのと、石の裏側に小石を集めてまゆをつくりそのなかでさなぎになることから、トビケラを総称して石蚕の別名もあります。

Q86

釣りバリの名前（型）で、本当にあるのは？

❶ 熊（クマ）
❷ 狸（タヌキ）
❸ 狐（キツネ）

Q86 答え 

釣りバリの代表的な型の１つに狐（前ページのハリ）があります。ハリの形が動物のキツネの頭部を思わせることから狐の名がついたという説もあるようですが、たしかなことはわかりません。また、ハリにはさまざまな名称と型がありますが、狐のほかに動物の名前をあてたハリはちょっと思い当たりません。

狐型の特徴としては、軸の部分が長く、ミミズやゴカイなどの虫エサを刺しやすく、ハリ先と軸を結んだフトコロ幅が狭いことから、口の小さな魚に対して吸い込みを重視したタイプのハリであるといえます。

勝部直達『播州針』（1989、播州釣針協同組合）によると、明治時代中期には「江戸型」と呼ばれる関東で作られていた鉄バリには、「角形」「丸形」「袖形」「ミコシ（三腰）形」「イナヅマ（稲妻）」「丸カイヅ」などのハリ型とともに「狐形」が紹介されており、古くからあったハリであることがわかります。形も現在の狐と同じ形状をしています。

Q87

ノッコミとはなんのこと？

❶ 魚が人に驚(おどろ)いて逃げていくこと
❷ 魚が冬眠(とうみん)のために深いところへ移動すること
❸ 魚が産卵(さんらん)のために浅いところへ移動すること

Q87 答え 

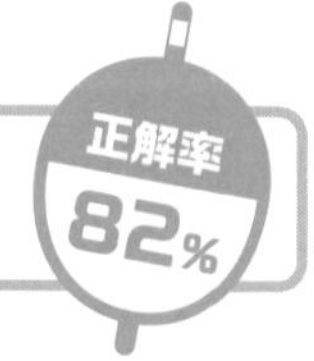

魚は一般的に、産卵期をむかえると、それまでいたところをはなれて、より浅い場所へ移動します（ノッコミ＝乗っ込み）。季節としては春が多く、海川湖沼をとわず、さまざまな水域の浅場で産卵活動が見られるようになります。アオリイカなどのイカも春から夏にかけて産卵します。一方、渓流（けいりゅう）魚やサケ、アユなどは秋以降に産卵します。また冬に深場で産卵してそのあとで浅場に出てくるスズキのような例もあり、必ずしもすべての魚が浅場に移動してきて産卵するわけではありません。なかには産卵期が半年近くだらだらと続く魚もいます。

ノッコミシーズンに入った魚は浅場に集まってくるのと、産卵前にエサをよく食べるので釣りのチャンスとされます（ただし、前記したサケ科魚類などはあまりエサを追わなくなります）。また、産卵に参加する性成熟した個体は平均的にサイズがよく、大ものねらいで釣り場にくりだす人も多くなります。

Q88

「ナブラが立つ」とは、なんのこと?

❶ 小魚が大きな魚に追われて水面が波立つようになっていること

❷ 魚が酸素不足で水面でパクパクしていること

❸ 魚が底のエサをさがして水がにごること

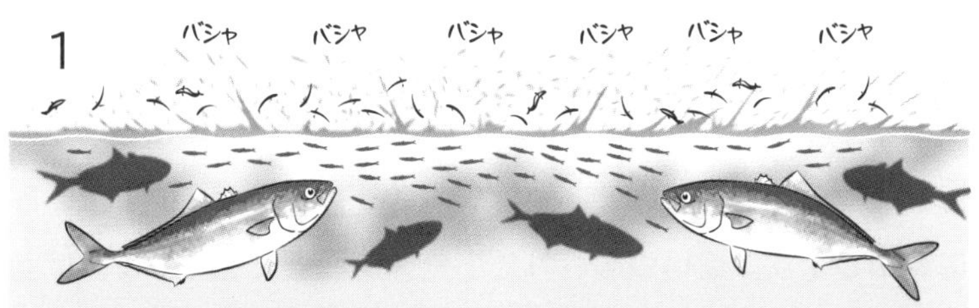

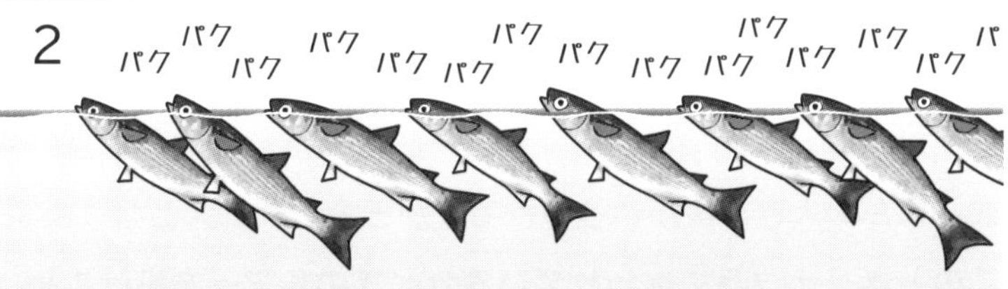

Q88 答え 

一般用語では「魚群」と書いて「なむら」と読み、「海中の魚の群れ」を意味する、とあります。それがなまって「ナブラ」というようになったという説や、地域によっては「なむら」も「なぶら」も漁師言葉として認識されているところもあるようです。さて、釣り用語としてのナブラが立つの意味は答えのとおりで、釣り場では「ナブラだ！」と縮めていったりします。
肉食性の大きな魚（フィッシュイーターとも呼ばれます）は、小魚の群れを見つけると、食べるために上へ上へと群れを追いこみます。小魚にとって海面はそれ以上上には逃げることができない壁のようなもので、大きな魚はそれを知っていてたくみに利用します。追いつめられた小魚は海面近くを激しく逃げ回り、海面が波立つようになります。なかにはいきおい余って海面から飛び出す小魚や大きな魚もいます。このような状況を「ナブラが立つ」といい、とくにルアー釣りでは、目の前に食い気まんまんの大きな魚がいるわけですから大チャンスとなります。このとき、ナブラに追われているサイズのルアーを投げこめば高い確率でヒット（ルアーに食いつく）がのぞめます。

Q89

釣り用語でタナといえば、何をさす？

❶ 魚の大きさ
❷ 魚がかくれている場所
❸ 魚が泳いでいる深さ

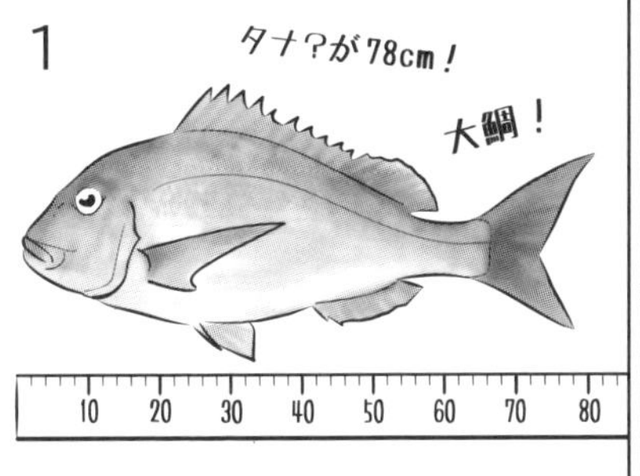

Q89 答え 

魚はそれぞれの種類によって泳いでいる深さが違います。そのため、釣りをするうえでは仕掛けにつけたエサや疑似餌（エサに似せたもの、エサの代わりをするもの）がねらった魚と同じ深さ＝タナにないと、魚はそれらを見つけることができず、いつまでたっても釣れません。そこで、まずは釣りたい魚が基本的にはどの水深（表層近くか、真ん中あたりか、底付近か）にいるのかを知ることが大切です。

さらに、カレイやシロギスなどのようにいつも海底付近にいる魚をべつにすると、同じ魚でも時期や時間によってタナは変化することがあります。短い時間の間にタナが激しく動いたり、ときにはほんの少しの深さの違いで釣れる・釣れないに大きな差が出ることもあるので、釣り人にとってタナを正確につかむことはとても大事です。

Q90

釣りザオで「カーボンロッド」と表示できるのは、使用繊維の含有率（体積比）で次のうちどれ？

❶ カーボン繊維を 50%以上使用して製造したもの

❷ カーボン繊維を 60%以上使用して製造したもの

❸ カーボン繊維を 70%以上使用して製造したもの

Q90 答え 

全国釣竿公正取引協議会では、釣りザオの使用材料別名称の表示において、カーボン繊維の含有率(体積比)が 50% 以上のものを「カーボンロッド」と表示することとしています。

現在の釣りザオはカーボンロッドが主流です。1972 年（昭和47)、オリムピック(のちのマミヤ・オーピー)が世界で初めて「世紀あゆ」というアユザオを発売しました。今から半世紀ほど前のことです。それまでにもグラスロッドが開発され普及して釣りザオの軽量化がはかられていましたが、カーボンロッドはその比ではありませんでした。

初期のカーボンロッドはたいへん高価なものでしたが、開発と普及が進むほどに低価格化が進み、今では超高級品から手軽な価格帯のものまで、あらゆる釣りのジャンルでさまざまなカーボンロッド製品が製造されています。

一方で、近年はジャンルによってはグラスロッドも見直されてきています。

Q91

ルアーの浮き具合で正しいのは？（温度によるルアーの体積変化はないものとする）

❶ 4℃でもっともよく浮く

❷ 水温が高いほど浮く

❸ 水温は関係ない

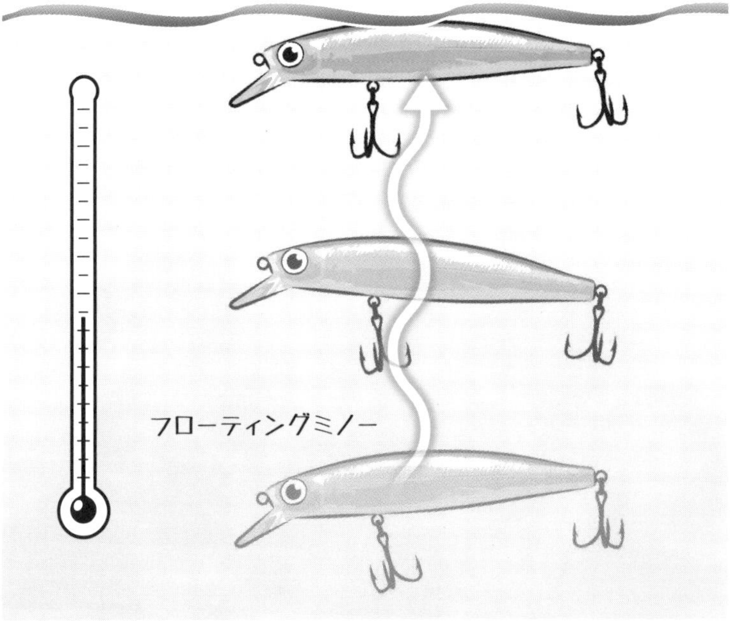

フローティングミノー

Q91 答え 

水の密度は約 4℃で最大となるため。しかし、実際は温度が高くなるとルアーの体積が膨張するので、プラスチックルアーなどは水温が高くなると浮きやすくなるようです。

ちなみに、ルアーには完全に水面に浮くトップウオーターから、リールを巻いて引っ張ると潜るフローティングタイプ、一定の水深にとどまるサスペンドタイプ、水中に沈み引っ張るとさらに潜っていくシンキングタイプ、潜行板がついておらず細身の金属棒状でどんどん沈んでいき上下に動かして誘うジグなど、あらゆる深さを探るためにさまざまなタイプのルアーがラインアップされています。

Q92

船釣り用語で、沖上（おきあ）がりといえば？

❶ 船釣りの釣り終了時間
❷ 船釣りで港（みなと）に戻ってくる時間
❸ 沖に出て緊張（きんちょう）で酔（よ）ってしまうこと

Q92 答え 

沖上がりとはストップフィッシング＝釣り終了の時刻のことをいいます。

船釣りでは、ねらう魚やその日の状況によって船長がここと決めたポイント＝釣り場に向かいます。それは港からほんの数分の近場であったり、逆に１時間前後も船を走らせることもあります。また、釣り場に着いても状況が悪くてなかなか魚が釣れないと、船長はお客さんに少しでも釣ってもらうために大きく移動してポイントを変えることもあります。

このように、船釣りでは港から最後の釣り場までの距離(きょり)が決まっていないため、また帰りが強い向かい風だったりするとより時間がかかるので、帰着(きちゃく)時間を基準にすると、釣り人はいつまで釣りができるのかがわからず不便で不安になるでしょう。そのようなことから、船宿(ふなやど)では通常「沖上がり○時」といって、あらかじめ釣りの終了時間を示すようになったのではないかと思われます。

釣り場で沖上がりの時間が近づいてくると、船長は「あと○分で終了です」、「次のひと流しでおしまいです」などといってスピーカーで知らせてくれます。

Q93

船釣りで活きエサとして使われることが多いシコイワシの標準和名は？

❶ オオクチイワシ

❷ カタクチイワシ

❸ コクチイワシ

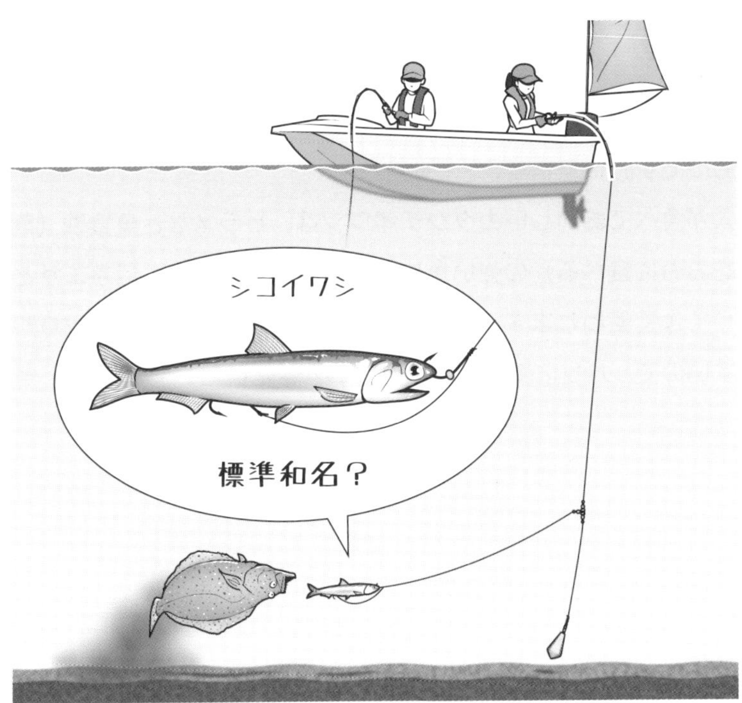

Q93 答え 

シコイワシとは、標準和名カタクチイワシの別名です（ほかにセグロイワシとも）。マイワシ、ウルメイワシと同じイワシの仲間で、ニシン目カタクチイワシ科の魚。最大でも15、16cmの小型のイワシです。下アゴが小さく、口が片方しかないように見えることからその名がつきました。

カタクチイワシは、防波堤や海釣り公園などで、おもに暖(あたた)かい季節にサビキ仕掛けで手軽に数釣りができる小魚です。群れが回遊してくれば面白いようにたくさん釣れます。鮮度(せんど)のよい釣りたてのカタクチイワシは、刺身で食べてもたいへんおいしいものです。

人が食べておいしいカタクチイワシは、ヒラメなど魚食性（魚をおもに食べる）の強い魚にもたいへん効果的で、活(い)きエサとしてよく使われます。ただし、ウロコがはがれやすく、弱りやすいので、ハリに刺(さ)すときは注意が必要です。

Q94

電動(でんどう)リールを世界で初めてつくったのはどこの国？

❶ スウェーデン
❷ アメリカ
❸ 日本

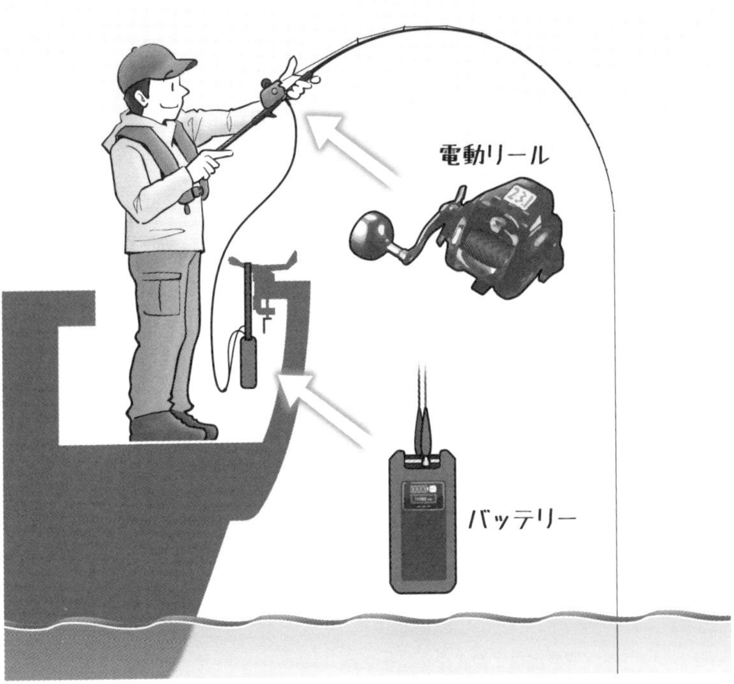

電動リール

バッテリー

Q94 答え 

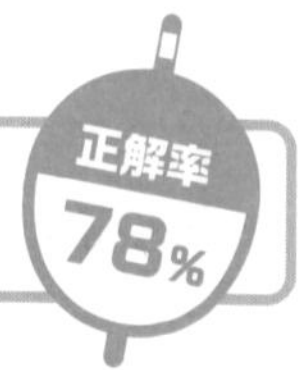

日本の宮前軽金属製作所（現在の株式会社ミヤマエ）が 1967 年（昭 42)、世界初の電動スピニングリール、「ミヤエポック 67」（写真）を発売しました。電動リールといえば、現在は船釣り用の両軸リールが広く普及していますが、なんと世に出た第 1 号は両軸リールではなく、写真のスピニングだったのです。当時の釣り雑誌の広告には、極太のリールザオを両腕で必死に支える釣り人の写真の横にこんなキャッチコピーがそえられています。

「もう一本腕があったら…

　ミヤエポック 500（当時の広告ママ）が釣人のこんな夢を叶えてくれました !!

　これでは巻けません。でも電動リールは、巻いています。」

写真提供：株式会社ミヤマエ

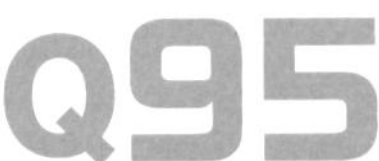

Q95

魚群探知機(ぎょぐんたんちき)は何を発信(はっしん)して魚を探知している？

❶ オーラ
❷ 電波(でんぱ)
❸ 超音波(ちょうおんぱ)

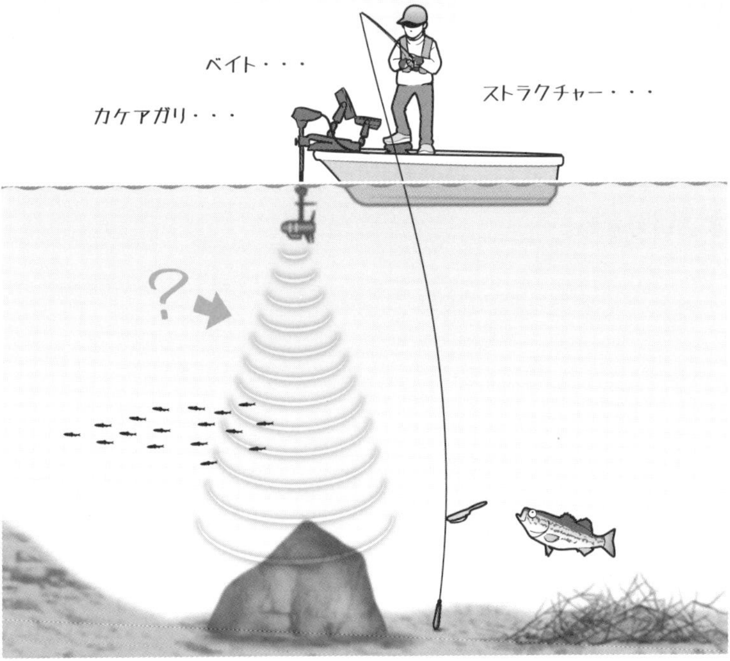
ベイト・・・
カケアガリ・・・
ストラクチャー・・・
?

Q95 答え 

魚群探知機、通称「魚探」は、振動子と呼ばれるセンサーに電流を流して超音波を出し、魚や海底などさまざまなものに当たって反射した超音波を振動子で感知することで、魚の居場所や水深などをモニター画面に表示する機械です。漁業の船や遊漁船では、昔から魚群探知機が大活躍してきました。

私たちが楽しむ釣りで魚群探知機をいちばん活用しているのは、ブラックバスを釣るために特化されたバスボートから、ルアーでブラックバスをねらうバスフィッシングです。そして、バスフィッシング用に開発された最新の魚群探知機は超高性能＆高機能。水中のようすを立体的にリアルタイムでモニターに再現し、バスはもちろん、自分が投げたルアーまで映るというからすごいですね。

Q96

北海道に生息する釣り人あこがれの巨大魚イトウ。この魚を世界に紹介し、学名にも名が残る外国人は?

❶ ペリー提督

❷ シーボルト

❸ クラーク博士

1
Perry
1794 - 1858

3
Clark
1826 - 1886

2
Siebold
1796-1866

Q96 答え 

嘉永6年（1853）、黒船来航で訪日したアメリカ海軍提督・マシュー・ペリー（Matthew Calbraith Perry）が函館で入手した標本を米英に贈ったことにちなんで学名が「*Hucho perryi*」となりました（現在は「*Parahucho perry*」）。
ところで、海軍提督のペリーがどうしてわざわざ日本のイトウを米英に贈ったのかですが、参考までに、『ザ・ヒストリー・オブ・ルアーフィッシング　～ルアー&リール　進化の歴史』（錦織則政著・つり人社）を一読すると、ペリーの訪日からは半世紀ほどあとの話ですが、当時の欧米人の異国のゲームフィッシュに対する情熱のほどがうかがえます。たとえば釣魚雑誌「フィッシングガゼット」1904年5月14日号に、「グレイパーマー」を名乗る人物が、日本の釣り（FISHING IN JAPAN）という報告記事を投稿しており、利根川のサケや北海道のサクラマスとともに、石狩川のイトウ釣りや旅のようす、アイヌ部族のことなどについても記しています。興味のある方はぜひご一読ください。

Q97

渓流釣りなどをしていて、鉄砲水（急激な水位の上昇）の前兆と考えられるのは？

❶ 急に風が強くなってきた
❷ 急に濁った落ち葉まじりの水が流れてきた
❸ 急に空が鳴り出した

Q98

ササニゴリとはどんな濁り？

❶ 少し白っぽく見える濁り
❷ 濁りが急に増えたり取れたりする
❸ 濃い茶色の濁り

Q99

湖や沼で発生する「アオコ」のもとは？

❶ 動物プランクトン
❷ 植物プランクトン
❸ 泥

Q97 答え

このほか、急に水の量が少なくなったときもたいへん危険です(上流側で崩落などがあり、流れが一時的にせき止められている可能性あり。決壊すると鉄砲水が発生します)。また、鉄砲水とは別に、ダムの下流側ではダムの放水にも要注意です。

Q98 答え

渓流釣りなどで、雨が降ったりして透明な流れが少し濁り、ふだんははっきりと見えている川底が少し見えにくくなった程度の状態をいいます。濁りが入ることで渓流魚の警戒心がうすれ、上流からエサも運ばれてくるのでササニゴリは好条件とされます。ただし雪代（雪解け水）のときは水温が下がるので魚の活性が下がります。

Q99 答え

おもに植物プランクトンのミクロキスティス属などが知られ、湖の富栄養化が進んだ時に大発生します。このとき水面が青緑色の粉におおわれたように見えることからアオコといわれます。

Q100

「ツ抜け」とは、釣果（釣れ具合。釣れた魚の数や大きさ）が何尾のときにいう？

❶ 100尾に達したとき
❷ 10尾に達したとき
❸ 1000尾に達したとき

Q101

日本で最初の釣り専門書といわれているのは？

❶ 月刊つり人
❷ 釣魚大全
❸ 何羨録

Q102

和ザオ（竹ザオ）の穂先にも使われる素材で、ヒゲと呼ばれる器官をもつものは？

❶ 歯クジラ
❷ イルカ
❸ ヒゲクジラ

Q100 答え 

一つ、二つ、三つと数えていくと九つの次ぎが十となり「ツ」が抜けます。

Q101 答え 

1723 年（享保 8）に陸奥国黒石津軽家三代当主、津軽采女によって書かれた釣り専門書です。

Q102 答え 

ヒゲクジラ類の口腔内にある、端がヒゲのように見える板状の器官で、オキアミなどをこして食べるときに使われています。

Q103

芦ノ湖(あしのこ)がある神奈川県箱根町(はこねまち)の、町の魚は？

❶ ブラックバス
❷ ワカサギ
❸ ニジマス

Q104

漫画(まんが)『釣りキチ三平』の登場人物、鮎川魚紳(あゆかわぎょしん)さんがもっている資格(しかく)は？

❶ 医師(いし)
❷ 教師(きょうし)
❸ 弁護士(べんごし)

Q105

映画にもなった漫画『釣りバカ日誌』に登場する「スーさん」こと鈴木建設社長・鈴木一之助(いちのすけ)氏がもっている資格は？

❶ 工学博士
❷ 弁護士
❸ 医師

Q103 答え

2009年3月1日に箱根町の町の魚に指定されました。

Q104 答え

三平(さんぺい)くんのよき理解者であり兄貴(あにき)分のような存在の魚神さんは、フェンシングはオリンピック選手級で鮎川財閥御曹司(ざいばつおんぞうし)、なおかつ弁護士資格ももっているスーパーマンです。

Q105 答え

資本金50億円の中堅ゼネコン社長にして工学博士、すごい人物です。

Q106

二枚潮(にまいしお)とは？

❶ 潮の流れの境界線(きょうかいせん)
❷ 上層部と下層部で流れの方向が違う潮
❸ 魚を塩焼(しおや)きするとき、2回塩をふること

Q107

大もの釣りで有名な青ヶ島(あおがしま)は何諸島(しょとう)にある島？

❶ マリアナ諸島
❷ 小笠原(おがさわら)諸島
❸ 伊豆諸島

Q108

魚の名前で本当にあるのは？

❶ コニラミ
❷ オヤニラミ
❸ マゴニラミ

Q106 答え

二枚潮が発生すると、仕掛けが落ちていかなかったり、またアタリも取りにくく、釣りがむずかしくなります。

Q107 答え

東京から南に358㎞、伊豆諸島の有人島では最南端に位置する島です。

Q108 答え

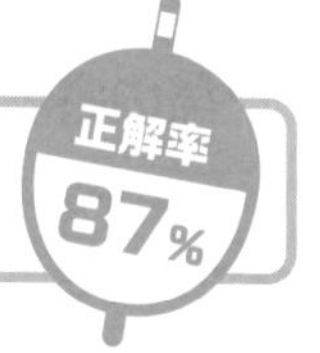

オヤニラミ＝スズキ目ケツギョ科の淡水魚で、環境省レッドリストでは絶滅危惧IB類（EN）に指定されています。

※絶滅危惧IB類（EN）＝同じ絶滅危惧I類のIA類（CR）ほどではないが、近い将来における野生での絶滅の危険性が高いもの。

Q109

IGFA（インターナショナル・ゲームフィッシュ協会）が認定する釣魚(ちょうぎょ)の世界記録として対象(たいしょう)となるのは？

❶ ルアー・フライフィッシングのみ
❷ 引っかけ釣りでも OK
❸ エサ釣りでも OK

Q110

サオの継(つ)ぎ目が固着(こちゃく)（抜けなくなる）してしまったときに効果的な方法は？

❶ 温める
❷ 冷やす
❸ 油を注す

Q111

安土桃山(あづちももやま)時代の 1591 年、信濃諏訪藩藩主(しなのすわはんはんしゅ)の日根野(ひねの)高吉(たかよし)によって、近江(おうみ)から諏訪湖に移入されたと記録が残る魚は？

❶ ブラックバス
❷ ワカサギ
❸ ゲンゴロウブナ

Q109 答え 

IGFAルールでは、故意に魚を引っかける釣りは認められていません。

Q110 答え 

継ぎ目部分を氷や保冷剤で冷やしたのち、ゴム手袋をはめて抜くと取れやすくなります。

Q111 答え 

安土桃山時代に魚の移殖があったのは驚きです。諏訪湖にはその後もさまざまな魚やエビ、貝類が移殖されました。

4章
魚に関するあれこれ

39問

さて、ここまで何問正解できたでしょうか。さいごは、私たちが大好きな魚について、いろんなことをもっと知っていただけるきっかけになりそうなクイズをご用意しました。魚の生態や習性、歴史的な背景や、一般的な知識を知ることで、読者の皆さまのフィッシングライフがより豊かになれば幸いです。

Q112

釣れたら注意しなければいけないのはどの魚？

❶ ササノハベラ

❷ ハオコゼ

❸ カゴカキダイ

Q112 答え 

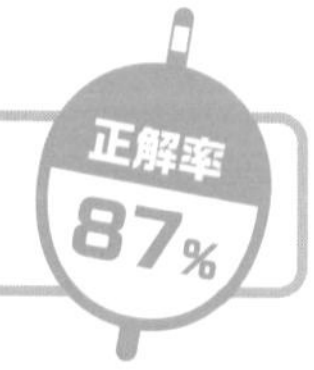

ササノハベラ＝スズキ目ベラ科。現在はホシササノハベラとアカササノハベラの２種に分かれている。比較的浅場の岩礁帯にすみ、最大で 30cm 弱になる。防波堤や磯で、ほかの魚をねらっているときによく混じって釣れます。

ハオコゼ（正解）＝スズキ目ハオコゼ科。最大でも 10cm ほどとサイズは小さい。堤防や磯釣りでほかの魚に混じって釣れるが、背ビレには毒があり、刺されるとはげしく痛む。ぜったいに素手でさわらないようにしましょう。

カゴカキダイ＝スズキ目カゴカキダイ科。最大で 20cm ほどになる。幼魚は浅い岩礁帯でふつうに見られる。薄い黄色に黒い縞模様が入り、熱帯魚を思わせる見た目だが、じつは食べるとたいへんおいしい魚とされています。

Q113

写真のサクラマスは何の降海型（こうかいがた）？

❶ イワナ
❷ ウグイ
❸ ヤマメ

Q114

ヤマメやニジマスなど、サケ科魚類の幼魚（ようぎょ）の体側（たいそく）に現（あら）われる写真のだ円状の模様（もよう）（斑紋（はんもん））の名前は？

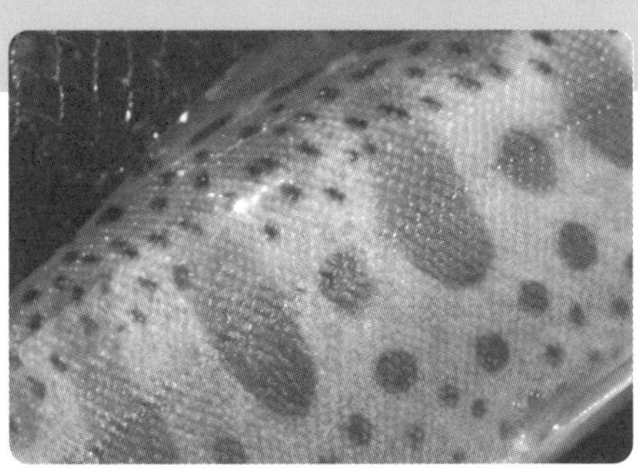

❶ チャイルドマーク
❷ パーマーク
❸ ベビーマーク

Q113 答え

イワナ＝サケ目サケ科。イワナの降海型はアメマスといいます。
ウグイ＝コイ目コイ科。一生を淡水域ですごす河川集団と、河川で生まれて川を下り沿岸域ですごしたのちに川を遡上して産卵する降海集団が存在します。
ヤマメ（正解）＝サケ目サケ科。一生を淡水域ですごす河川残留型と、海に降りて成長し川を遡上して産卵する降海型がおり、後者をサクラマスといいます。海に降りる前には体がスモルト化といって銀白色になり、２～７月ころに海に降りて１年をすごし、桜が咲くころに川に戻ってくることからサクラマスの名前がつきました。英名はチェリーサーモンです。

Q114 答え

Parr(パー）とはサケ科の幼魚の呼び名です。パーマークは、そのサケ科魚類の幼魚の体側に見られるだ円状の美しい斑紋で、成魚になると消えるものが多いとされますが、河川残留型のヤマメやアマゴなどは、大きく成長しても鮮やかなパーマークがそのまま残ります。

Q115

アユの生活史として正しいのは？

❶ 川で生まれる→仔魚(しぎょ)は海へ流下→川に遡上(そじょう)し成長→川で産卵(さんらん)し生涯(しょうがい)を終える

❷ 川で生まれる→川で成長→海に下りさらに成長する→川に遡上し産卵して生涯を終える

❸ 海で生まれる→海で成長→川に上りさらに成長する→海に下り産卵し生涯を終える

川

海

Q115 答え

このように川と海を行き来することを両側回遊性といいます。秋から初冬にかけて川底の石に付着するように産み付けられた卵から孵化したアユの仔魚は、海まで流されていき、冬の間を沿岸部ですごします。春になると５～６cmになった稚魚の群れが川をさかのぼり（遡上）、中～上流域で川底の石に付いたコケを食べて成長します。このコケを独占しようとしてナワバリをつくるアユの習性を利用したのが友釣り（108ページ解説）で、夏以降、地域によっては30cm以上にもなる尺アユも現われ、釣り人のあこがれです。秋以降、産卵を終えたアユはその生涯を閉じます。

Q116

ナマズの成魚（せいぎょ）のヒゲは何本？

❶ 3本

❷ 4本

❸ 2本

Q116 答え 

日本在来種（ざいらいしゅ）のナマズ（マナマズ）、ビワコオオナマズ、イワトコナマズ、タニガワナマズの４種とも稚魚期（ちぎょき）は６本のヒゲをもつが成長すると４本になります。
淡水・海水を問（と）わずヒゲをもつ魚はたくさんいます。淡水魚ではコイやドジョウ、カマツカなど。またタナゴ類にも短いヒゲをもつ種類がいます。海の魚ではオジサンがその名前からいっても有名ですが、なかには名前にまで「ヒゲ」のついたヒゲダイという魚もいます。ちなみに、魚のヒゲには味を感じたり、エサを探すセンサーなどの機能（きのう）が備（そな）わっています。

Q117

ブラックバスが日本にきたのはいつ？

❶ 江戸時代
❷ 大正時代
❸ 明治時代

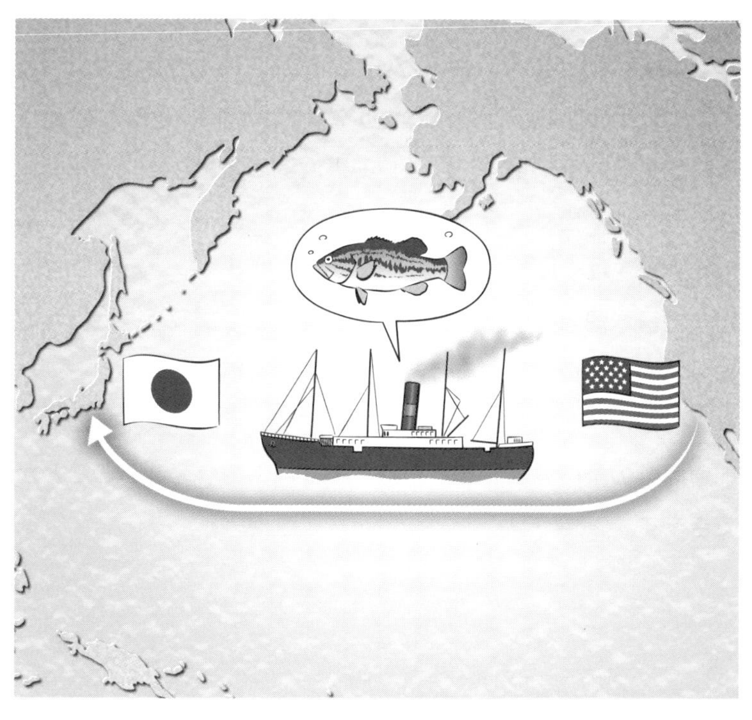

Q117 答え 

ブラックバス（オオクチバス）＝スズキ目サンフィッシュ科。北米原産。スズキに似た体型で、頭部と口が大きい。緑褐色の体に黒い縦帯が入るが、模様は個体によって差がある。成魚は30～50cm、生息環境によっては60cmを超える。日本国内では特定外来生物に指定されており、生きたままでの釣り場からの持ち出しが禁止されています。

ブラックバスは、実業家・赤星鉄馬氏の依頼により、大正14年（1925年）、アメリカ・カリフォルニア州より移入されました。ワシントン政府とカリフォルニア州の許可を得て、はるばるハワイ航路で太平洋を横断して横浜港に到着したブラックバスの稚魚は、当時の帝大職員や関係者の手によって芦ノ湖に運ばれ放流されました。

現在、日本国内の淡水ルアーフィッシングでブラックバスは最も人気の高い魚で、さまざまなタックル（道具）やルアー、リグ（仕掛け）が開発されています。釣り人は、外来生物法や各都道府県の条例などを守ったうえで、バス釣りを楽しむことができます。

Q118

成長するにつれて名前が変わる出世魚（しゅっせうお）のボラ、最後（さいご）はなんという？

❶ トド

❷ アシカ

❸ アザラシ

Q118 答え 

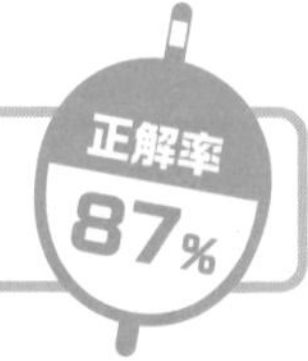

成長するにしたがい名前が変わっていく魚を出世魚と呼びます。ボラの場合、地域によって違(ちが)いはありますが、ハク（スバシリ）→イナッコ→イナ→ボラ→トド、となります（トドが一番大きい）。

ちなみに、クイズにつき前ページでは動物のトドにひっかけたイラストを添(そ)えましたが、出世魚の「トド」の語源(ごげん)はそうではなくて、「とどのつまり」という言葉が意味するところの「結局」「行きつくところ」など、これ以上は大ききくならないことから「とど」の部分だけをとってつけたようです。同様に、途中の「イナ」には、身のこなしが粋(いき)なさまの「いなせ」が元になっているという説もあります。

Q119

魚のシマシマ、イシダイの模様は？

❶ 縦縞(たてじま)
❷ 斜(なな)め縞(しま)
❸ 横縞(よこじま)

Q120

関東以西(かんとういせい)に多く生息し、背ビレに毒(どく)をもつ魚は？

❶ アイゴ（バリ）
❷ メバル
❸ エイ

Q119 答え

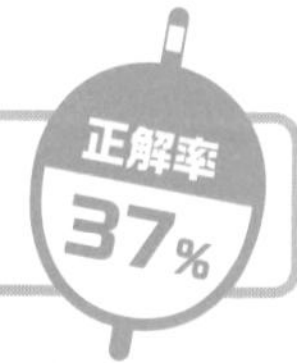

魚の体の縞模様が縦か横かをいうときには、魚の頭を上にした状態で判断します。イシダイの場合は、泳いでいる状態では縦縞に見えますが、先の決まりの状態で見ると横になるので、横縞となります。

Q120 答え

正解率
78%

アイゴ＝スズキ目アイゴ科。沿岸部の岩礁帯、サンゴ礁、藻場などにすむ。最大で約 40cm ほどになる。別名・バリ。
アイゴは背ビレのほかにも、写真のように尻ビレ、腹ビレにもそのトゲに毒をもつ。刺されると激しく痛むので絶対にさわらないように。一方で、食べるとたいへんおいしい魚でもあります。

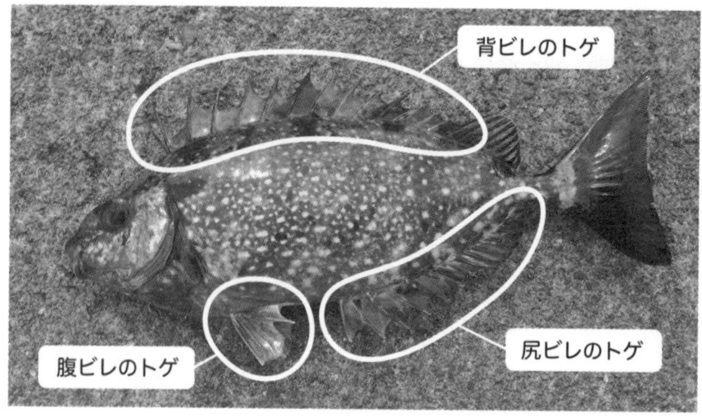

Q121

江戸時代のある本では「箱根より東にはいない」となっているが現在は全国に生息する魚は？

❶ ナマズ

❷ ウグイ

❸ ニジマス

虹鱒

鯎

鯰

箱根より東にはいない

つり人本草

江戸時代刊行

Q121 答え 

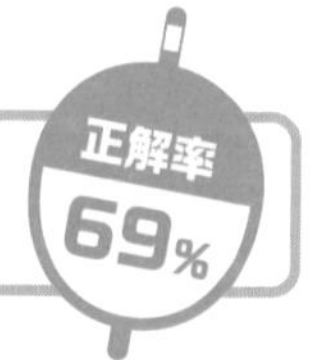

宝永6年(1709年)、本草学者の貝原益軒によって書かれた『大和本草』によると、「箱根より東に無し」と記されています。後にナマズは主に食用として関東地方にも移殖され、大正末期には北海道にまで分布が広がり、現在はほぼ日本各地で見られます。

なお『大和本草』は本編18巻からなる大作で、1362もの動鉱植物が解説・収載されており、絵の緻密さにうならされます。

※本草学＝薬用に重点をおき植物等の自然物を研究した中国古来の学問。

ナマズは古くから地震を予知する魚といわれたり、江戸時代に大人気だった大津絵（現在の滋賀県大津市を発祥とする民俗絵）のモチーフに使われるなど、庶民にとても親しまれてきた魚であることはよく知られたところです。

Q122

ブラックバスやブルーギルのように親が卵や稚魚(ちぎょ)を守る生態(せいたい)をもつ魚は？

❶ コイ、フナ

❷ ナマズ

❸ モツゴ、ヨシノボリ

Q122 答え 

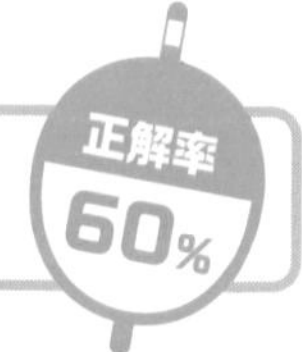

モツゴ（クチボソ）やヨシノボリもオスが卵を守ります。オヤニラミ、トゲウオ（イトヨ、トミヨなど）、ライギョ、チョウセンブナなども同様な生態をもち、過酷な環境でも子孫を残そうとします。また、マウスブルーディング（口内保育）という生態をもつ魚たちもいて、これらは文字どおり親が口の中で一定期間子を育てます。

モツゴ（クチボソ）

オヤニラミ

Q123

栃木県の中禅寺湖（ちゅうぜんじこ）に最初に放流されたサケ・マス類は？

❶ ブラウントラウト

❷ レイクトラウト

❸ イワナ

Q123 答え

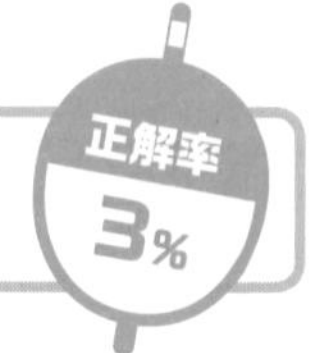

それまで魚がすんでいなかった中禅寺湖に明治６年にイワナが放流されました。
中禅寺湖は栃木県日光市に位置し、男体山の噴火によってできたせき止め湖です。海抜高度は 1269 ｍもあり、４㎢以上の自然湖としては日本一の高さにあり、栃木県で最大の湖です。このような噴火由来の成り立ちと、湖の流れ出しにあたる華厳の滝が落差 100 ｍもあることから魚がのぼってこれず、長いあいだ中禅寺湖には魚が見られませんでした。
一方で、日本の開国以降、中禅寺湖の湖畔には欧米各国の大使館別荘が建ち、避暑などに訪れた外交官たちが湖で大いにマス釣りを楽しんだという記録があります。その史実を知っていれば、クイズの答えは彼らが故郷の魚を持ち込んで釣りをしていたのでは、すなわち１か２ではと考えたくなりますが、一番最初に放流されたのは在来種のイワナだったというわけです。
その後はさまざまな魚種が中禅寺湖に放流され、現在はブラウントラウトもレイクトラウトも、釣り人を楽しませてくれています。

Q124

魚の王様といえばタイ（マダイ）。次のなかでタイ科の仲間ではないのは？

❶ クロダイ
❷ アマダイ
❸ チダイ

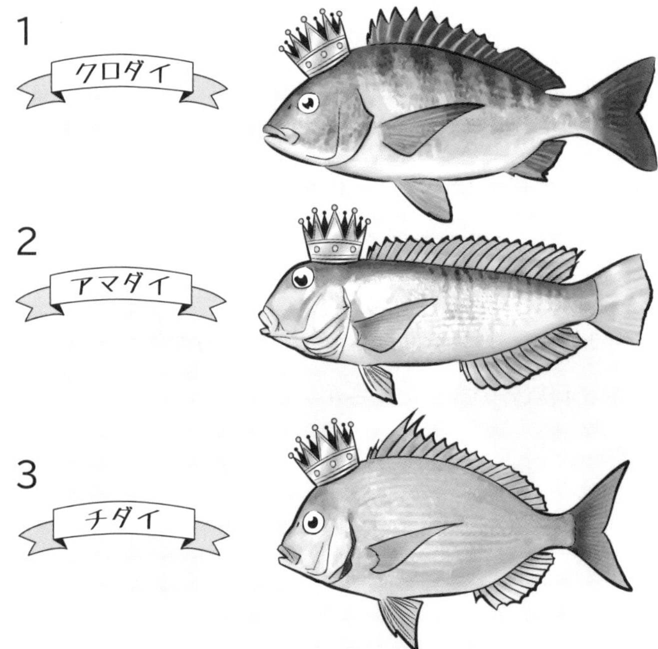

Q124 答え 

クロダイ＝スズキ目スズキ亜目タイ科クロダイ属。

アマダイ＝スズキ目スズキ亜目アマダイ科アマダイ属。

チダイ＝スズキ目スズキ亜目タイ科チダイ属。

ちなみにマダイは「スズキ目スズキ亜目タイ科マダイ属」。また、チダイ（ハナダイとも呼ばれます）は見た目がマダイにそっくり。見分け方は、マダイは尾ビレの縁が黒く下縁は白いのに対して、チダイは薄赤色のみです。

タイと名のつく魚はたくさんいますが、マダイと同じタイ科の魚ばかりではありません。キダイ（レンコダイ）、キチヌなどはタイ科の魚ですが、イシダイ（イシダイ科）、イシガキダイ（イシダイ科）、エビスダイ（イットウダイ科）、イトヨリダイ（イトヨリダイ科）、カゴカキダイ（カゴカキダイ科）、カンダイ（ベラ科）、キンチャクダイ（キンチャクダイ科）、キンメダイ（キンメダイ科）、コショウダイ（イサキ科）、サクラダイ（ハタ科）など、タイ科以外の魚がたくさんいます。

Q125

船釣りで釣れるカサゴによく似た魚。あまりにも似ているのでついたというその名前は？

❶ ソックリカサゴ
❷ ビックリカサゴ
❸ ウッカリカサゴ

Q125 答え 

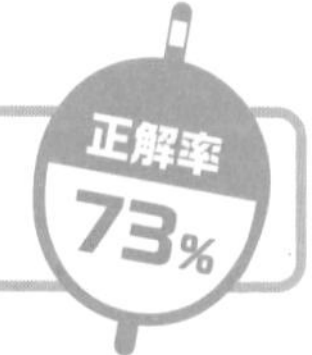

ウッカリカサゴとは、なんとうまいネーミングでしょうか。しかもこれは通称ではなく、れっきとした標準和名です。1979年、魚類学者の阿部宗明氏が著作『新顔の魚』で命名しました。同書の中でも「うっかりするとカサゴと区別しないことになる」と述べているそうです。阿部宗明氏は東京帝国大学理学部大学院を修了されたのち、農林省（現・農林水産省）水産試験場（現・独立行政法人水産総合研究センター）勤務を経て、おさかな普及センター資料館館長を務められました。高名な研究者ですが、もしかしたら洒落好きな面もお持ちだったのかもしれません。

さてウッカリカサゴとカサゴを見比べると、たしかに「どっちがどっち？」と思うほどよく似ています。見分け方としては、カサゴは不定形の白斑があるが、ウッカリカサゴの白斑は暗色にふちどられ大きさも小さくそろっている。胸ビレ軟条数がカサゴは 17 〜 19 本に対してウッカリカサゴは 18 〜 20 本と多め、など。またウッカリカサゴはおもに 30 m以深に生息するので、釣れた水深も判断材料になります。

Q126

大きなものは１ｍを超えるタチウオ。特大サイズをなんと呼ぶ？

❶ ゴースト
❷ ドラゴン
❸ キング

Q126 答え 

タチウオは、スズキやボラのように成長するにつれて名前が変わっていく出世魚ではありませんが、1 m 20cm を超えるタチウオはドラゴンと呼ばれて別格扱いされ、タチウオファンにとって羨望の的です。なぜドラゴンと呼ばれるようになったのかはよくわかりませんが、たしかにモンスターサイズのタチウオは迫力満点で、鋭い牙をもつたけだけしいその顔つきとギョロリとした目、細長い魚体などが、龍（ドラゴン）を連想させるのかもしれません。ちなみに、タチウオの英語表現はいくつかあるようですが (cutlass fish など。cutlass ＝湾曲した刃をもつ剣)、そのなかには龍を意味する dragon という単語は出てきません。

Q127

本当にいる魚の名前は？

❶ ホウボウ

❷ ボーボー

❸ ボコボコ

Q127 答え 

ホウボウ＝スズキ目カサゴ亜目ホウボウ科ホウボウ属。

ホウボウは北海道から九州南岸までの日本海・東シナ海・太平洋沿岸、瀬戸内海、東シナ海大陸棚域に分布し、大きさは最大で 50cm になります。特徴は大きな胸ビレ（青色斑が散在し、縁が青色で美しい）のほか、遊離した胸ビレ下部の３軟条を脚のように動かして海底を動き回ります（底質中のエサを探すため）。

名前の由来は「ほうぼうを歩き回るから」、「オスが浮袋でボーボーと鳴くから」などの説があります。

ホウボウによく似た魚に、カナガシラとトゲカナガシラがいます。とくにトゲカナガシラは見た目がそっくりですが、胸ビレの下側半分に大きな黒斑があることでホウボウやカナガシラとも区別ができます。

Q128

このなかで一番大きくなるタコは？

❶ イイダコ
❷ マダコ
❸ ミズダコ

Q128 答え 

イイダコ＝八腕形目マダコ科マダコ属。10cm 前後のものが多く最大で約 30cm。

マダコ＝八腕形目マダコ科マダコ属。最大で 70cm 前後、4 kg ほどになる。

ミズダコ＝八腕形目マダコ科ミズダコ属。タコの中では最も巨大になり、寿命も最長（約４年）です。そして世界記録はなんと体長 9.1 m、体重 272kg ！　主食は大型の甲殻類や魚類、貝類などで、ときにはサメを襲って食べたりもします。最大時速は 40km で、攻撃的ではないがダイバーが襲われて溺死した例もあるというので、とても恐ろしいですね。そんな一面もあるミズダコですが、東北地方から北海道にかけは人気釣りターゲットの１つでもあります。

Q129

河口（汽水域）でも釣れる魚はどれでしょう？

❷ マダイ

❶ スズキ

❸ サワラ

Q129 答え 

スズキ（正解）＝スズキ目スズキ科。最大で１mを超えるものもいる。内湾や河口部、沿岸の浅海などにすみ、季節に応じて浅場と深場を移動する。またエサを追って河川の汽水域にも入り込み、ときには完全な淡水域にまで上がってくることも珍しくない。河川のスズキ＝シーバスをルアーでねらうことを釣り人の間ではリバーシーバスといいます。

マダイ＝スズキ目タイ科。成魚は 30 ～ 200 mの岩礁、砂礫底、砂底にすむ。船釣りや磯からねらうことが多く、汽水域では見られません。ただし同じタイ科のクロダイは汽水域でも生活ができるので、河口付近も釣りのポイントになります。

サワラ＝スズキ目サバ科。サワラはサバ科の魚で、沿岸の表層を広く遊泳します。内湾と外洋を行き来し、汽水域では見られません。最大で 1.2 mほどになり、魚食性が強いのでルアーによく反応します。

Q130

トビウオはおもにどんなときに飛ぶ？

❶ 単なる退屈しのぎ

❷ すごく楽しいとき

❸ 身の危険を感じたとき

Q130 答え 

トビウオは海面近くを泳ぐ習性がある魚です。そのため魚食性（魚をおもな食物とする）のある大型回遊魚などにねらわれやすく、おそわれたときに逃げるために水面近くを飛ぶといわれています。稚魚のうちから飛ぶことができ、飛んでいる最中に翼のように見えるのは大きく発達した胸ビレと腹ビレで、グライダーのように超低空を飛んでいきます。その距離はなんと最長で 400 mにも達するそうです。

ちなみにトビウオといえば八丈島特産のクサヤの素材。食材としても有名で、においは強烈ですが味わい深く、好きになった人は病みつきになる美味しさです。

Q131

マコガレイの目はどっちについている?

❶ 右

❷ 左

❸ 中間

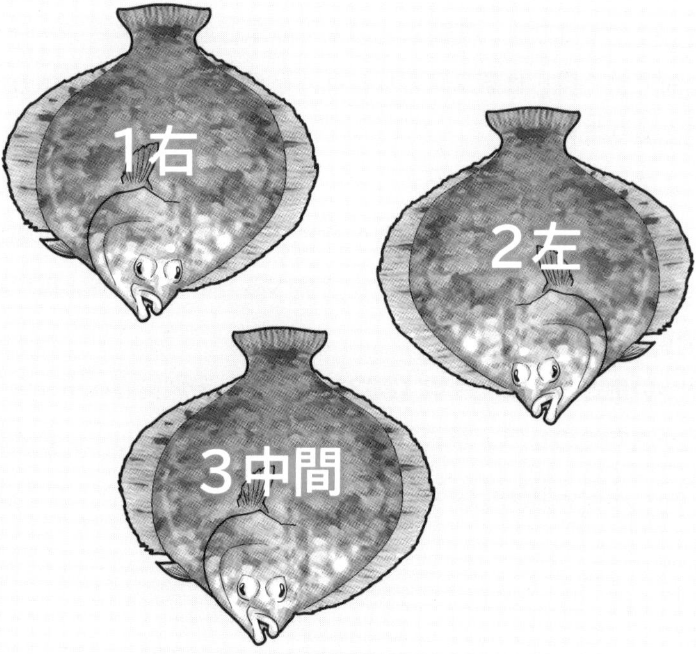

Q131 答え 

むかしから、カレイとヒラメを見分ける方法としてよく知られた言葉に「左ヒラメに右カレイ」があります。しかし、そういわれてもなんだかよくわかりませんよね。そこで、目の前にヒラメかカレイがあったとして、頭を左に向けたときに体の左側（上）に目があるのがヒラメ、逆に右側（下）にあるのがカレイの仲間と覚えておくとよいでしょう。

ただしこの「左ヒラメに右カレイ」、すべてに当てはまるかといえばそうではなく、関東以北の太平洋岸と島根県中海以北の日本海でよく見られるヌマガレイは、ヒラメと同じく目が体の左側にあります。

そこでもう１つヒラメとカレイを見分ける方法として、両者の口に注目すると、小魚類を食べるヒラメは大きな口に鋭い歯が見られ、底にすむ虫などの生物を食べるカレイはおちょぼ口気味になっています。

珍しい例としては、今年（2023）11 月、茨城県鹿嶋市沖合で目が右向きのヒラメが釣りあげられ話題になりました。ごくまれに、このようなこともあるそうです。

Q132

写真の魚の正しい名前は？

❶ スギカワ
❷ マツカワ
❸ ブナカワ

Q133

写真の魚の正しい名前は？

❶ ジジ
❷ ガガ
❸ ギギ

Q132 答え

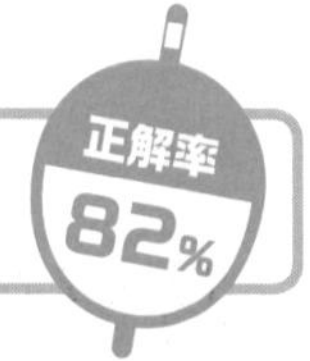

マツカワ＝カレイ目カレイ科。北海道沿岸と、本州は青森県から島根県までの日本海沿岸、青森県から茨城県までの太平洋沿岸に分布。マツカワカレイ、タカノハガレイとも呼ばれ、最大で 80cm になる。とくに北海道で知られ、食べておいしい高級魚です。北海道太平洋側の特定エリアで水揚げされるマツカワは、「王蝶」と称してブランド化されています。港や砂浜から投げ釣りでねらうことも可能です。

Q133 答え

ナマズ目ギギ科。胸ビレの関節をこすり合わせ、「ギーギー」と低い音を出すのでこの名がつきました。胸ビレと背ビレに毒トゲがあるので要注意です。

Q134

トローリングの対象魚の1つ、ブラックマーリンの日本名は？

❶ クロカジキ
❷ バショウカジキ
❸ シロカジキ

Q134 答え 

シロカジキは、生きているときの背中が濃い藍色なので英名ではブラックマーリン（black marlin）といいますが、死ぬと白っぽい体色になるため和名ではシロカジキと呼ばれます。
ちなみに、クロカジキ（別名クロカワカジキ、クロカワ）は英名でブルーマーリン（blue marlin）といいます。これは、背中側がコバルトブルーであることからきているのだと思います。
ではなぜ日本ではクロカジキなのかというと、死んでしまうと体色が黒くなるため、クロカジキというのだそうです。なんだかちょっとややこしいですが、こうして外国と名前を比べてみると、英名は生きているときの色、和名は死んだときの色に由来しており、視点の違いが感じられて興味深いですね。
３のバショウカジキの英名はセイルフィッシュ（pacific sail fish）。こちらは体色ではなく、船の帆のように見える特徴的な背ビレからきているようです。それが日本では芭蕉の葉が語源になっており、ここにも違いが表われています。
最後に、ホワイトマーリン（white marlin）という魚もいて、これは和名ではニシマカジキといいます。

Q135

エゾイワナの海降型（こうかいがた）の正しい名前は？

❶ イワナマス
❷ ウミマス
❸ アメマス

Q136

琵琶湖淀川水系（びわこよどがわすいけい）の固有種（こゆうしゅ）は？

❶ ゲンゴロウブナ
❷ キンブナ
❸ ギンブナ

Q137

一般的に、「青もの」とはどんな魚か？

❶ まだ青二才（あおにさい）の若い魚
❷ 青々と新鮮（しんせん）な魚
❸ 背中の青い回遊魚（かいゆうぎょ）（カツオやサバ、ブリなど）

Q135 答え

アメマスは、新潟県および東北地方南部以北の本州と北海道全域に分布し、背中から体側にかけて散在する乳白色の斑点が比較的大きなことが特徴です。ほかのイワナの仲間に見られる黄色～赤色の有色斑点はありません。

北海道では河川や湖、沿岸部で 70cm 前後にもなる大きなアメマスが見られ、釣り人に人気です。

Q136 答え

ヘラブナ釣りのヘラブナは、このゲンゴロウブナを品種改良して生まれたものです。

Q137 答え

青魚ともいい、イワシやサンマなどもふくまれます。

Q138

ワカサギは、もともとはどんな場所にすんでいた？

❶ 淡水湖
❷ 海
❸ 汽水湖

Q139

実際にある魚の名前（標準和名（ひょうじゅんわめい））は？

❶ マスノスケ
❷ サケノスケ
❸ タイノスケ

Q140

ニジマスが日本にきたのはいつ？

❶ 明治時代
❷ 江戸時代
❸ 大正時代

ワカサギのもともとの生息地は宍道湖、霞ヶ浦、八郎潟、サロマ湖などの汽水湖です、ワカサギの卵の供給地として有名な諏訪湖も大正４年と５年に霞ヶ浦から移殖されました。

Q139 答え

英名ではキングサーモンと呼ばれています。大きさは最大で１m以上、体重は50kgを超えるものもいるそうで、まさにキングの名にふさわしいですね。

Q140 答え

マス釣り場でもおなじみのニジマスは、明治10年（1877）、アメリカより移入されました。

Q141

ハリセンボンの体に、針はだいたい何本ある？

❶ 1000 本
❷ 100 本
❸ 350 本

Q142

ヒメマスの降海型をなんという？

❶ ギンザケ
❷ サツキマス
❸ ベニザケ

Q143

魚の年齢は何でわかる？

❶ エラ
❷ 耳石
❸ 背ビレ

Q141 答え 

平均350本ほど針（ウロコが変化したもの）があります。

Q142 答え 

ヒメマス＝サケ目サケ科。日本のヒメマスの自然分布は、北海道の阿寒湖とチミケップ湖です。カムチャツカ半島から北アメリカ北部に生息するベニザケとは同種で、その陸封型になります。

Q143 答え 

耳石とは、脊椎動物の内耳にある炭酸カルシウムの結晶からなる組織です。その断面は成長にしたがい木の年輪のようになるので、それを数えることで年齢を判別できます。

Q144

魚が水中で水圧や水流の変化を感じとるための器官（きかん）の側線（そくせん）は通常左右一対（いっつい）だが、左右5本ずつある魚は？

❶ アイナメ
❷ カサゴ
❸ メバル

Q145

メジナは、九州ではおもになんと呼ばれているか？

❶ クレ
❷ クロ
❸ グロ

Q146

10kg クラスになるとオオカミとも呼ばれる大型魚は？

❶ アキアジ
❷ シマアジ
❸ サンノジ

Q144 答え

アイナメには側線が左右５本ずつあります。よく似ているクジメは１本なのでこれで区別がつきます。このほかホッケも側線が５本ずつあります。

Q145 答え

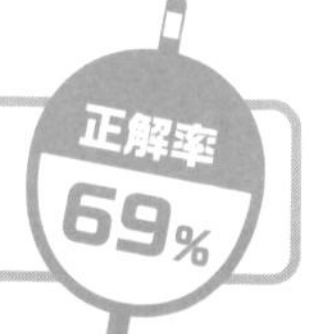

メジナは磯釣りの大人気ターゲットで、クロメジナ（オナガメジナ）とメジナ（クチブトメジナ）の２種類があります。

Q146 答え

シマアジ＝スズキ目アジ科。沿岸の岩礁域から、水深 200 m前後までの底層にすむ。大きさは約１m。120cm を超す個体も確認されており、「オオカミ」は、おもに関東での老成魚の呼び名です。

海の大ものルアーターゲット、GT の標準和名は？

❶ クロマグロ　❷ ロウニンアジ　❸ メカジキ

Q148

カワハギの中には背ビレの一部が長く伸びたものがいる。この特徴（とくちょう）をもつのは？

❶ メスだけ　❷ オス・メス両方　❸ オスだけ

Q149

卵胎生（らんたいせい）（卵ではなく、はじめから小魚の形で生まれる）の魚はどれ？

❶ ブリ　❷ メバル　❸ マダイ

Q150

名前に「タイ」のつく魚で実際にはいないのはどれ？

❶ キダイ　❷ アオダイ　❸ ミドリダイ

Q147 答え 

ロウニンアシは、最大で全長2m近く、体重80kgにも達(たっ)する大型魚。その英名giant trevally（ジャイアントトレバリー）の頭文字をとってGTです。

Q148 答え 

正解率 64%

カワハギのオスは、背ビレの第2軟条(なんじょう)（頭に近い方）だけがほつれた1本の糸のように伸びています。

Q149 答え 

正解率 78%

メバルは晩秋に交尾し、冬から春にかけて数ミリの大きさの仔魚(しぎょ)を数千尾(び)産むとされています。ちなみに、2008年にメバルはアカメバル、シロメバル、クロメバルの3種に分けられたことから、今後の研究により新たな生態(せいたい)の違いが明らかにされるかもしれません。

Q150 答え 

正解率 87%

キダイ＝スズキ目タイ科。レンコダイとも呼ばれる。マダイによく似ていて、体やヒレに黄色味がさしていますが、全身真っ黄色というわけではありません。
アオダイ＝スズキ目フエダイ科。水深100～250mの深場にすみ、最大で60cmほどになる。体色は濃(こ)い青むらさき色。また、体全体が粘液(ねんえき)でぬるぬるしています。

（公財）日本釣振興会とは

SDGsに貢献する活動として、釣り場の環境を良くする活動や魚を増やす活動などを推進しています。

（公財）日本釣振興会（略称：日釣振 - にっちょうしん）は、一般の釣り人や、釣具店・メーカー及び釣り関係団体等が会員になり、会員の会費や寄附で運営され、“釣りの健全な振興を図る”ための事業活動を行なっております。
主な事業活動としては、「放流事業」、「水辺環境美化保全事業」、「釣教育・釣振興事業」、「釣りマナーと安全対策の啓発事業」等です。

目的

魚族資源の保護増殖、釣り場環境の整備保全、釣りに関する知識の普及、啓発時に必要な事業を行うことにより、レクリエーションとしての釣りの健全な振興を図り、もって明るい豊かな社会形成に寄与することを目的とする。

－（公財）日本釣振興会HPより－

〒104-0032
東京都中央区八丁堀2丁目22番8号
日本フィッシング会館3階
公益財団法人　日本釣振興会
ホームページ https://www.jsafishing.or.jp
業務時間　AM 9:30～PM 5:30
TEL 03-3555-3232　FAX 03-5542-2941

釣り人クイズ大百科
答えて身につく釣りの知識と常識 150

2024 年 1 月 1 日発行

編　者　つり人社書籍編集部
発行者　山根和明
発行所　株式会社つり人社

〒 101-8408　東京都千代田区神田神保町 1 － 30 － 13
TEL 03-3294-0781（営業部）
TEL 03-3294-0766（編集部）
印刷・製本　シナノ書籍印刷株式会社

乱丁、落丁などありましたらお取り替えいたします。

ISBN978-4-86447-729-1 C2075
つり人社ホームページ　https://tsuribito.co.jp/
つり人オンライン https://web.tsuribito.co.jp/
釣り人道具店　http://tsuribito-dougu.com/
つり人チャンネル（You Tube）　https://www.youtube.com/channel/UCOsyeHNb_Y2VOHqEiV-6dGQ